KB195199

한국해양대학교
박　　　물　　　관
해양문화정책연구센터
국제해양문제연구소
해양역사문화문고⑩

홍어장수 문순득의 표해시말

최성환

글터
GEUL TEO

일러두기

1. 이 책에서 사용된 문순득 표류 노정 관련 날짜는 「표해시말漂海始末」의 기록에 따른 것이며, 음력 기준이다.

2. 이 책에 인용된 「표해시말」과 「운곡선설雲谷船說」의 국역문 내용은 신안 문화원에서 2005년에 발간한 『유암총서柳菴叢書』(원저자 정약전·이강회, 번역 김정섭·김형만, 교열 최성환)의 내용을 활용하였고, 일부 내용은 수정하여 제시하였다. 본문 중 「표해시말」과 「운곡선설」 인용문의 세부 출처는 생략하였으며, 기타 사료의 인용문은 각주에 출처를 명시하였다.

3. 문순득의 한자 표기는 족보와 「표해시말漂海始末」에는 '문순득文淳得'으로 되어 있고, 『조선왕조실록』 등 일부 사료에는 '문순득文得'으로 기록되어 있다. 이 책에서는 '문순득文淳得'으로 표기하였으며, 일부 사료의 원문을 인용하는 경우는 기록에 따라 '문순득文順得'으로 표기하기도 했다.

문순득(1777~1847)은 조선후기에 현 전라남도 신안군 우이도에 살고 있던 홍어상인이다. 홍어를 구하려 출항했다가 1802년 1월 태사도에서 표류하여 유구琉球(현 일본 오키나와현)·여송呂宋(현 필리핀)·오문澳門(현 마카오) 등을 체험하고, 중국대륙을 경유하여 1805년 1월에 고향에 돌아왔다. 그의 다양한 경험담은 당시 우이도에 유배와 있던 정약전에 의해 기록되어 「표해시말漂海始末」이라는 이름으로 남겨졌다.

문순득의 「표해시말」은 최부의 「표해록漂海錄」·장한철의 「표해록漂海錄」과 함께 조선시대의 3대 표해록으로 불린다. 그 중에서 문순득의 표류 경험은 표류지역이나 견문 내용, 표류 기간, 다양한 체험 등 여러 면에서 다른 표류 기록과는 차별화된 특징이 많다.

3

정약전이 문순득의 경험담을 듣고 '천초天初'라는 호를 지어줬다. 조선인 가운데 최초의 경험을 한 인물이라는 의미를 담고 있다. 이 책은 문순득이 조선인 가운데 최초로 경험한 내용과 한국사에서 그 경험담이 갖는 의미가 무엇인지를 분석한 것이다.

이 책의 원고는 독자의 이해를 돕고, 문순득의 「표해시말」을 따라간다는 목적에 맞게 전체 체제를 3부(이해하기, 찾아가기, 의미찾기)로 구성하였다. 1부 '이해하기'는 문순득의 표류 경험을 올바르게 이해하기 위한 열쇠(배경지식)를 먼저 살펴보는 내용이다. 문순득 표류 경험을 토대로 정약전이 작성한 「표해시말」과 관련 기록 검토, 문순득의 생활공간이었던 우이도의 특징과 주민들의 생활상, 표류의 주공인인 문순득의 특징, 문순득이 표류한 노정, 표류한 지역별 문화상에 대한 내용을 소개하였다.

2부 '찾아가기'는 「표해시말」 기록을 토대로 문순득의 표류 노정과 경험 내용을 따라가는 것이다. 정약전이 기록한 「표해시말」의 순서대로 주요 단계별 표류 상황을 분석하였으며, 문순득이 유구·여송·오문과 중국에서 견문한 해당 지역의 풍속에 대해 살펴보았다. 문순득이 표류한 지역 중 여송은 스페인의 식민지였고, 오문(마카오)은 중국

(청) 땅에 설치된 포르투갈의 개항장이었다. 지역으로 볼 때 아시아를 벗어나지 못했지만, 아시아에 전파된 유럽문화를 체험했다는 면에서 문순득의 「표해시말」은 매우 흥미롭다.

3부 '의미찾기'에서는 문순득 표류 경험과 그 기록의 '가치'에 대한 내용을 자세히 분석하였다. 외국 선박과 국제항해 체험, 성당과 천주교 문화 체험 등을 조선인 최초의 경험 사례로 살폈다. 「표해시말」에 담긴 차별성과 관련하여 문순득의 해양을 바라보는 인식과 태도, 표류 경험을 통해 성장한 세계 인식이 무엇인지도 제시하였다. 끝으로 문순득의 표류경험이 조선사회에 미친 영향과 관련하여 제주에 표류해 온 여송인의 송환 과정, 문순득 표류 경험의 전파와 실학자들의 수용 양상에 대해 분석하고, 그 의의를 제시하면서 글을 마무리하였다.

2009년 8월 8일 광주KBS에서 제작한 다큐멘터리가 KBS 역사스페셜 여름특집 "조선시대 홍어장수 표류기, 세상을 바꾸다"라는 이름으로 방영되었다. 필자는 이 프로그램에서 문순득의 표류 행적을 추적하는 역할로 방송에 출연했다. 처음 문순득을 공부하기 시작한 것은 표류의 역사에 대한 흥미보다는 '섬'이라는 공간이 지닌 소통과 교류의 역사를 재조명하고 싶은 마음이었다. 섬은 폐쇄적인 고립의 공간이라는 이미지가 강하지만, 다른 측면에서 보면 섬은 바다를 통해 세계와 소통하는 문화공간이기도 하다. 바로 그러한 장점을 증명하는 사례로 문순득의 표류경험과 그 전파 과정에 관심을 가지게 되었다. 문순득의 표류는 사건의 발생부터가 다른 사람들의 경우와는 차이점이 많았다. 서남해의 중심 해로에 자리하고 있는 우이도의 지리적인 특징과 섬사람들의 해상 상업 활동 전통, 표류와 표착으로 인한 열린 문화공간으로서 특징 등이 배경이 되어 나타난 시대적 산물이다.

시간이 흐르면서 문순득 표류 이야기는 조금씩 대중들에게 알려지고 있다. 해양수산부에서 선정한 한국을 대표하는 해양인물로도 선정된 바 있다. 신안군에서는 '국제 문화 페스타'라는 이름으로 문순득을 기념하는 축제도 개최하고 있다. 유튜브를 검색해 보면 문순득과 관련된 많은 영상콘텐츠들이 제작되어 있다. 그런데 문순득의 표류 경험이 지닌 가치의 중요성보다는 우연히 특이한 경험을 한 흥미로운 인물 정도로 묘사되는 것 같다.

근대의 길목인 19세기 초에 발생한 문순득 표류 사건의 발생, 기록이 남겨지는 과정, 그 경험의 전승은 서남해 도서해양문화가 지니고 있는 열린 문화공간으로서의 특징과 많은 연관성이 있다. 또한, 국제무역항·천주교·외국선박·언어 등을 다양하게 체험한 문순득의 표류 경험은 19세기 초 세계인식의 변화와 관련해서 국가적인 차원에서 매우 중요한 의미를 지니고 있다.

부족한 글이지만 이 책이 문순득의 표류 경험과 그 가치가 올바르게 이해하는 길잡이가 되었으면 좋겠다. 더불어 좀 더 많은 사람들이 섬이 지닌 미래지향적인 가치를 다시 한 번 생각해 보는 계기가 되기를 기대해 본다.

최 성 환

국립목포대학교 사학과(인문콘텐츠학부 역사콘텐츠) 교수

국립목포대학교 도서문화연구원 교수

목차

책을 내며

1

이해아기

문순득 표류 사건 이해를 위한 열쇠 찾기

1. 문순득의 「표해시말」과 관련 기록

1) 정약전이 기록한 『표해시말漂海始末』

우리나라는 삼면이 바다이기 때문에 해상에서 풍랑을 만나 표류하는 사고가 빈번했다. 표류인의 경험담은 다양한 방법으로 기록되어 오늘날까지 전해오고 있다. 가장 흥미로운 기록 중 하나는 홍어장수 문순득文淳得(1777~1847)[1]의 『표해시말漂海始末』이다. 섬사람 문순득의 경험을 듣고,

---

1) 생몰년은 기록에 따라 약간 차이가 있다. 이 글에서는 족보(『南平文氏大同譜券之八』, 남평문씨대종회, 1995)의 내용을 토대로 하였다.

섬에 유배와 살고 있던 실학자 정약전이 남긴 기록이다. 문순득의 표류 경험에 얽힌 역사는 섬이 지닌 공간적 가치를 깨우쳐 주는 좋은 사례가 된다.

문순득은 현 전라남도 신안군 우이도에 살던 상인이었다. 문순득은 1801년 12월에 홍어를 구하러 출항했디가 이듬해인 1802년 1월 18일 흑산도 인근 해역에서 풍랑을 만나 표류하였다. 문순득 표류의 특징은 하나의 지역이 아니라, 여러 곳을 돌아다녔다는 점이다. 표류 후 망망대해에서 바람과 싸우다 11일 만에 도착한 곳은 머나먼 이국땅 유구琉球(현 일본 오키나와 군도 일대)였다. 이곳에 머물다 유구 정부의 도움을 받아 중국으로 송환되는 과정에서 또다시 풍랑을 만나 이번에는 필리핀 여송(현 일로코스 비간 일대)으로 흘러갔다. 다시 필리핀에서 마카오로 이동한 후 중국 대륙을 횡단하여 북경을 거쳐 조선으로 돌아왔다. 유구 9개월, 필리핀 9개월, 마카오 3개월, 청(중국대륙)에서 1년을 체류했다. 첫 출항 이후 1805년 1월 8일 우이도로 돌아오기까지 약 3년 2개월이 소요되었다. 조선인 가운데 가장 긴 시간, 장거리를 표류한 인물이다.

우이도는 한반도 서남해 바닷길의 요충지이다. 조선 후

기에는 소흑산도로 불리며, 대흑산도와 같은 권역의 섬으로 인식되어 많은 유배인이 보내졌다. 죽은 줄만 알았던 문순득이 살아오자, 우이도 사람들 모두가 깜짝 놀랐다. 그 가운데는 우이도에 유배와 있던 실학자 정약전도 포함되어 있었다.

해양생물 백과사전 『자산어보玆山魚譜』로 유명한 정약전丁若銓(1758~1816)은 압해 정씨丁氏이며, 현 경기도 남양주시 조안면 능내리에 해당하는 마현馬峴에서 태어났다. 1801년에 천주교를 믿는다는 이유로 흑산도로 유배되었다. 조선후기에는 대흑산도와 우이도(소흑산도)를 하나의 흑산 권역으로 인식했다. 때문에, 유배인의 경우도 우이도와 대흑산도를 오가며 거주하는 것이 가능했다. 정약전은 먼저 우이도에 도착하여 유배 생활을 시작했고, 1805~6년 무렵 대흑산도로 거처를 옮겼다. 대흑산도에서 1814년 『자산어보』를 완성 후 다시 우이도로 돌아왔고, 1816년 우이도에서 생을 마감했다. 섬으로 보내진 유배인은 섬사람들과 교류하며, 섬 문화에 적응해 가면서 살아야 했다. 그 과정에서 육지에서는 찾아보기 힘든 새로운 창작물이 만들어지기도 했다.

문순득은 표류 기간의 체험담을 정약전에게 들려주었다.

호기심 많던 정약전은 그 내용을 체계적으로 정리하여 「표해시말漂海始末」을 남겼다. 정약전이 작성한 「표해시말」은 이강회李綱會가 1818년~1819년 사이에 현 신안군 도초면 우이도에 머물면서 집필한 문집 『유암총서柳菴叢書』에 수록되어 있다. 『유암총서』는 문순득의 후손인 문채옥 집안에 전래 되어왔다. 현재는 신안군에 기증되어 있다. 이강회는 정약용丁若鏞의 강신 유배 시절 수제자 중 한 명이다. 그는 정약전이 사망한 2년 후 1818년경 새로운 학문탐구를 위해 스스로 우이도에 들어갔다.

「표해시말」은 해양 문화에 대한 토착 지식을 지닌 섬 주민과 실학 정신이 강한 유배인의 만남을 통해 탄생한 소중한 기록이다. 집필 시기는 문순득이 귀환한 1805년부터 1806년 사이일 것으로 추정되며, 『유암총서』에 필사된 시기는 이강회가 우이도에 옮겨온 1818년부터 1819년 사이로 추정된다.

「표해시말」은 220여 년 전 우이도에 살고 있던 문순득이 1801년(순조1) 12월 우이도를 출항하여 이듬해 정월에 태사도(현 흑산도 인근 삼태도를 지칭)에서 홍어를 사 가지고 돌아오던 중 표류를 하게 되어, 1805년 1월 8일에야 고향에 다시 돌아오게 된 일을 기록한 일종의 '표해록'

이다. 그 내용은 문순득의 표류 과정과 그가 다녀온 유구琉球(현 일본 오키나와현)·여송呂宋(현 필리핀) 등 지역의 풍속과 문화 등에 관한 것이 중심을 이룬다. 체제는 크게 3부로 구분되어 있다. 1부에서 먼저 표류의 배경과 경과를 일기체로 서술하고 있다. 2부에서는 유구琉球와 여송에서 견문한 내용들을 5개 항목으로 '풍속, 궁실(집), 의복, 해박, 토산' 5개 항목으로 구분하여 소개되어 있다. 마지막 3부는 조선어와 유구어, 여송어를 비교한 112개의 단어를 기록해 놓은 형태이다.

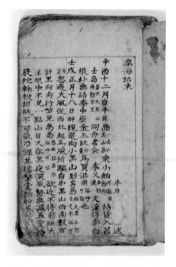

〈그림 1〉 『유암총서』에 수록된 「표해시말」의 첫면

「표해시말」 자체의 내용으로는 저자와 구술자에 대한 확인이 어렵다. 이 책의 내지 첫 장 첫 행에 "표해시말漂海始末"이라는 제목이 적혀있다. 그 다음 행에는 집필자 이름은 생략되고, 구술자의 이름이 명시되어 있었던 것으로 보이는데, 현 문채옥 소장본에는 "우이牛耳□□□□述"이라고 되어 있다. 원래 "우이문순득구술牛耳文淳得口述"라고 써져 있었을 것이다.

『유암총서』 중 「표해시말」 뒤에 이어져 있는 「운곡선설雲谷船說」의 내용에 저자와 구술자를 확인할 수 있는 단서가 다음과 같이 기록되어 있다.

손암巽菴 정공丁公이 이곳 바닷가로 유배와 있으면서 순득淳得의 구술을 받아 적어 표해록漂海錄 한권을 지었는데 그 역화譯話 · 토산土産 · 풍속風俗 · 궁실宮室을 상세하게 모아 분류하고, 선제船制에 있어서도 또한 죄다 갖추어 놓았다.

손암巽菴 정공丁公은 정약전을 의미한다. 문순득의 구술을 토대로 '표해록(즉, 표해시말)'을 만들었다는 점을 분명히 밝히고 있다. 집필 시기는 문순득이 귀환한 1805년부터 1806년 사이일 것으로 추정된다. 이후 정약전은 우이도에서 거처가 불안정하다는 이유로 대흑산도로 이주하였다. 「운곡선설」의 서문에 "손암이 기거가 불안하여 흑산도로 옮겨가야 할 형편이어서 인지 그 대강만을 취였기에 그 뒤를 이어 누락된 것을 보충하려한다"라고 밝히고 있다. 정약용이 대흑산도로 이주하여 사촌서실沙村書室을 연 것이 1807년이므로, 그 이전에 집필된 것으로 추정된다.

「표해시말」은 다른 표류 기록과는 차별화되는 특징과 사료적 가치를 지니고 있다. 첫째, 서술 내용상의 분류를 시도한 구성상의 특징이다. 다른 표류기가 대부분이 시간의 경과에 따라 일기체식으로 서술되어 있는 반면에 「표해시말」의 서술 방식은 더 체계적이고 세부적으로 구분된다. 전체 체제는 크게 보면 3부로 구분된다. 1부는 '표류의 노정'에 해당한다. 일기체적 구성법으로 시간의 순서에 따라 표류 경과와 현장 상황에 대해 묘사하여 놓았다. 처음 출항하여 귀국하기까지의 과정을 날짜별로 간추려 놓았다. 특히 지명에 대한 부분을 가능한 구체적으로 밝히기 위해 노력한 흔적이 보인다. 또한 작은 글씨로 해당 지역의 지리적 정보에 대한 내용을 첨가해 두었다. 예를 들면 처음 표류하게 된 장소에 대해 "변도弁島재대흑산태사지반속호在大黑山苫土之牛俗呼"라고 표기하고 있다. '변도'의 경우 유사 지명이 많아서, 세부 설명이 없으면 그 장소를 확인하는 것이 어려운 곳이다.

2부는 '풍속, 궁실(집), 의복, 해박, 토산' 5개 항목으로 구분하여 유구와 여송의 문화를 소개하고 있다. 표류한 지역에 대한 풍토기적風土記的 내용으로 구성되어 있다. 매우 구체적으로 주제를 구분하여 기록하고 있다는 점이 큰 장점이다.

3부는 조선어와 유구어, 여송어를 비교한 112개의 단어를 기록해 놓았다. 문순득의 표류 기록이 다른 기록과 가장 크게 차이가 나는 점은 언어표를 별도로 기록해 두었다는 점이다. 체험자인 문순득의 언어 능력과 기록자인 정약전의 특성이 반영되어 나타난 결과이다. 유구琉球의 경우는 1471년 편찬된 신숙주申淑舟(1417~1475)의 『해동제국기海東諸國紀』에 실려 있는 유구 언어와 함께 지금은 사라져 버린 유구 방언에 대한 연구 자료로서 매우 귀중한 가치를 지니고 있다. 1879년 메이지明治 정부에 의해 일본의 오키나와현縣으로 복속되면서, 유구 방언의 사용이 철저하게 금지되었다. 특히 문순득이 남긴 기록은 한글 발음대로 표기되어 있어 당시의 유구어를 이해하는 데 더욱 중요한 자료적 가치를 지니고 있다. 여송어의 경우는 스페인어와 필리핀 방언이 혼재되어 있는데, 이 역시 언어자료로서 매우 진귀한 기록이다. 당시 문순득이 표류했던 여송지역이 서양과 동양의 문화가 융합되어 가는 지역이었음이 이 언어표에서도 발견된다.

둘째, 기록의 주 내용이 생활사 중심이다. 생활사 중심으로 서술되어 있는 이유는 두 가지 측면에서 찾아볼 수 있다. 우선, 표류자가 장사를 업으로 하는 상인이었다는 점이다. 「표해시말」에는 홍어를 매개체로 바다에서 교역을 하던 상인 문순득의 시각에서 본 외국의 모습이 그대로 서술되어 있다. 표류인들 중에 장사를 목적으로 한 상인들의 비중은 높지만, 당시 상인들의 교양 수준으로 자신들의 경험을 표류기로 남기는 것은 쉽지 않았다. 그러나 문순득은 정약전과의 인연을 통해 표류 경험을 기록으로 남길 수 있었다. 이 때문에 지식층이었던 최부나 장한철의 표류기록과는 기본적으로 인식의 차이가 날 수밖에 없었고, 「표해시말」에는 생활사 내용이 중점적으로 부각되어 있다. 외국 사람들의 실제 살아가는 모습, 그들이 타고 다니는 선박 등에 대한 관심이 폭넓게 반영되어 있다. 특히 선박에 대한 기록과 그 상세함은 본래부터 선박에 능통한 문순득이 아니었다면 결코 기록될 수 없는 부분이었다.

또 다른 이유는 표류기간 동안 한 지역에 장기적으로 체류했기 때문에 실질적인 경험에 입각한 견문 내용들이 수록될 수 있었다는 점이다. 최부나 장한철의 경우는 전체적인 표류기간도 매우 짧았고, 한 지역에서 오래 체류하는 경우가 없이 계속 이동을 하였다. 문순득은 만 3년을 표류했고, 한 지역에서 최소한 몇 개월씩 체류하면서 이동하였기 때문에 그간 겪었던 경험에서 우러나오는 내용들이 중심을 이룬다. 유구의 장례문화나 여송의 천주교 성당과 관련된 내용이 그 대표적인 사례이다.

셋째, 편집인의 가치관과 편집 의도가 분명하게 반영되어 있다. 「표해시말」은 실학자인 정약전이 서술한 것이다. 문순득의 구술내용을 기록으로 정리할 때 정약전의 판단이 중요하게 작용했을 것이다. 실제 체류기간은 중국이 가장 길었음에도 중국에서의 일정은 매우 소략하게 기술한 점이 그렇다. 2부의 풍토기에 해당되는 부분에서 중국 관련 부분은 아예 다루지도 않았다. 문순득의 표류경험이 지닌 특징이 유구와 여송 지역에 있다고 판단했기 때문일 것이다. 실생활에 도움이 되는 선박에 대한 부분이 별도의 항목으로 분류되어 서술된 점도 이용후생에 입각한 정약전의 가치관이 반영된 것이라고 판단된다.

표류노정과 관련된 부분에서 감정적인 묘사는 최대한 억제 하고 있는 것이 특징이다. 그러나 기록에 남겨야 할 필요성이 있는 부분은 많은 지면을 할당해서 소개하고 있다. 특히 처음 출발했던 6명의 일행이 유구琉球 호송선을 타고 중국으로 출항했다가 여송呂宋에 표착한 후 숙부를 포함한 4명은 유구 호송선을 타고 먼저 출발하고, 문순득 자신과 김옥문은 여송에 남겨지게 되어 일행과 이별하게 된 사연은 매우 구체적이고 정확하게 묘사하고 있다. 이는 동시에 출발했던 일행이 각각의 송환 과정을 거쳐 우이도에 각자 귀환하게 되면서 생겼을지도 모를 여러 가지 설왕설래를 방지하기 위한 의도가 담겨 있다. 또한 문순득이 송환되는 과정에서 만난 안남사람의 이야기(여송인 조선 표류에 관함)에 대한 내용도 중국노정이 매우 소략한 것에 비하면 의도적으로 상세하게 서술하고 있다. 여기에는 우리나라 표류인 송환에 대한 문제점과 국제관계의 부족을 꼬집기 위한 의도가 내재되어 있다.

표류기간이 길었다는 것은 문순득의 「표해시말」이 지닌 기록으로서의 장점이다. 유구, 여송, 오문, 중국(청조) 등 크게 4개 지역에 고르게 체류하고, 이동하면서 표류했다는 것도 큰 특징이다. 그 이동 거리에서는 비교할 만한 대상이 없을 정도로 최장거리였다. 무엇보다 문순득의 「표해시말」은 19세기 서남해 도서 해양문화 특징을 살필 수 있는 동시에 표류를 통해 습득한 동아시아 해양세계에 대한 인식이 담긴 기록이라는 측면에서 높은 사료적 가치를 지니고 있다. 사료로서 문순득의 「표해시말」이 지니는 가치는 다음과 같다.

첫째, 여송에 대한 유일한 표류기록이다. 중국이나 일본 등에 대한 정보를 담은 기록들은 많지만 여송에 대한 기록은 찾아보기 힘들다. 둘째, 조선후기 유구에 대한 풍속과 문화가 상세하게 다뤄지고 있다. 조선전기 사료 가운데는 유구와 관련된 내용들이 일부 남아 있지만, 조선후기 자료로는 매우 드문 사례이다. 셋째, 선박과 언어에 대한 특별한 의미가 부여된 기록이다. 바다를 통해 여러 지역을 이동하다 보니 다양한 나라의 선박과 항해를 체험했고, 경험자나 기록자가 모두 이러한 점을 매우 중요하게 인식하였음을 알 수 있다. 넷째, 해금시대에 천주교와 서구문화에 대한 내용이 간접적으로 묘사되어 있다. 여송과 오문에 대한 특별한 체험으로 타 기록에서는 전혀 찾아 볼 수 없는 내용들이 담겨 있다. 다섯째, 해양문화와 관련되어 당시 동아시아 국제사회의 항구도시와 해양네트워크에 대한 단서가 수록되어 있다. 국제항과 바닷길을 통해 동아시아의 해양세계에 대한 인식과 체험이 수록되어 있다. 여섯째, 표류기 속에 또 다른 표류 사건이 언급되어 있다. 자신의 표류 사건 외에 여송이나 안남인의 조선 표류에 대한 내용이 수록되어 있다.

이상과 같은 측면에서 볼 때 문순득의 「표해시말」은 다른 어떤 표류기록보다 국제적이고, 해양사적인 사료로서 높은 가치를 지니고 있다.

2) 또 다른 문순득의 항해경험담 「운곡선설雲谷船說」

『유암총서』에 함께 수록된 「운곡선설雲谷船說」도 문순득의 표류경험을 바탕으로 만들어진 것이다. 이강회가 문순득이 여송呂末(필리핀)에서 광동 오문澳門(마카오)으로 이동할 때 11일 동안 탑승했던 외국 선박의 구조와 항해 체험을 바탕으로 우리나라 선박과 비교 분석한 글이다. 집필 시기는 1818년이다.

「표해시말」이 정약전과의 합작품이라면, 「운곡선설」은 문순득과 이강회의 합작품이다. 이강회가 스스로 "이 글은 문순득의 말에서 나오고 나의 붓에서 이루어 졌다"고 밝혔으며, 문순득이 선박에 관한 일에 매우 능통한 사람이었기 때문에 이 글을 작성하는 것이 가능했다고 서두에 기록하였다.

이강회는 「운곡선설」을 통해 정약전이 「표해시말」에서 미처 상세히 기록하지 못한 선박에 대한 부분을 보충하려 했다. 정약전은 「표해시말」에서 유구와 여송의 선박에 대한 내용을 '해박海舶'이라는 별도의 항목을 두어 소개하고 있다. 이 자체로도 다른 표류기에서 찾아보기 힘들 정도로 선박에 대한 중요성을 비중 있게 다룬 것이지만, 별도의 글을 통해 보다 상세히 정리할 필요성을 느낀 것이다. 이 강회는 외국 선박에 대한 상세한 기록이 나라의 정사를 꾀하는 일이라는 믿음을 가지고 있었다.

「운곡선설」의 전체 체제는 서문·본론·발문으로 구성되어 있다. 그중에서 본론은 문순득이 견문했던 상선과 항해에 대한 구술내용, 이해하기 어려운 구절에 단 주석, 그리고 이강회 자신의 견해를 피력한 안설按說로 구성되었다. 전체 글에서 문순득의 구술내용은 공통적으로 '무릇(凡)'으로 시작되며, 주석은 '주注', 이강회의 안설은 '삼가 살펴 보건데[근안謹案]'로 시작된다.

글의 말미에는 「해선용유지법海船用油之法」과 발문跋文이 첨부되어 있다. 「해선용유지법海船用油之法」은 문순득이 오문澳門에서 보았던 선박에 기름을 칠하는 방법에 대한 설명이다. 발문에는 구술자인 문순득의 인물성향과 사물에 대한 관찰력이 높이 평가되고 있다. 이 글은 문순득이 표류 후 고향 우이도에 돌아온 지 13년이 지난 시점에서 작성되었다. 문순득의 배에 대한 식견과 관찰력이 얼마나 뛰어났는지를 실감할 수 있다.

진정한 의미의 문순득 표류기록은 정약전이 집필한 「표해시말」과 이강회가 집필한 「운곡선설」이 합하여져야 완전한 형태가 되는 것이다. 『유암총서』의 저자가 이강회라는 사실은 문채옥의 집안에 전래되고 있는 또 다른 문집인 『운곡잡저雲谷雜櫡』에 수록된 「증언시홍량贈言施洪量」이라는 글을 통해 확인했다. 이 글은 1819년 2월에 우이도에 표착한 중국 배에 타고 있던 중국인 시홍량施洪量에게 이강회가 자신을 소개한 글이다. 관련된 내용은 아래와 같다.

가경嘉慶 기묘己卯(1819년) 3월 4일 현주서실玄洲書室[2]에서 쓴다. 나의 성姓은 이李, 이름은 강회綱會, 호號는 운곡일인雲谷逸人이라 칭하며, 사는 곳은 강진현康津懸 남쪽 벽촌이

---

2) '玄洲'는 우이도를 칭한다. 이강회의 이 표현이 정약전의 저서인 『玆山魚譜』를 '자산어보'가 아닌 '현산어보'로 읽어야 한다는 근거 중에 하나로 활용되고 있다.(이태원, 『현산어보를 찾아서』 1, 청어람미디어, 2002. 5쪽 '왜 현산어보인가').

고, 지금 나이는 31세이다. 일찍이 과문科文에 달아났다가
이제야 경술經術로 돌아왔다. 무인戊寅(1818년) 겨울에 이
섬에 은거하여 지금 한창 주례周禮를 공부하는 중이다.3)

이러한 기록을 통해 이 글을 쓴 이강회의 호가 '운곡
일인雲谷逸人'이며, 「운곡선설」의 저자임이 밝혀졌다. 『운
곡잡저』와 『유암총서』 모두 이강회가 우이도에서 남긴
문집이다.

3) 문순득 이야기가 담긴 국내 기록

우이도에 전해온 『유암총서』의 「표해시말」·「운곡선설」
외에도 국내외 사료에 문순득과 관련된 기록이 다양하게
남아 있다. 이러한 기록에는 동아시아 각국에서 문순득 표
류를 어떻게 인식하고 처리하였는지를 알 수 있는 국제관
계에 대한 정보가 담겨 있다. 먼저 국내 기록을 정리하면
〈표 1〉과 같다.

---

3) 김정섭·김형만 역, 「贈言施洪量」, 『雲谷雜櫡 券二』, 신안문화원, 20
07, 63쪽.

〈표 1〉 문순득 표류관련 국내기록 현황

구분	세부기사명	년도	특징	기록 주체
조선왕조실록 朝鮮王朝實錄	명여송국표인 命呂宋國漂人	1809.6.26	문순득 표류경험과 여송 인 심문	국가
일성록 日省錄	명여송국표인 命呂宋國漂人	1809.6.26	문순득 표류여정 및 여 송 풍속	국가
동문휘고 同文彙考	예부지회유구표인출 송자禮部知會琉球漂 人出送咨 외	1804.1 1804.7	여정 및 중국에서 송환 과정	국가
통문관지 通文館志	순종대왕사년갑자 純宗大王四年甲子	1804	표류 후 귀국 사실 언급	국가
계산기정 薊山紀程	표류주자가 漂流舟子歌	1804	문호겸 외 다른 일행들 의 증언	개인
지정연기 芝汀燕記	1804.11.26일조	1804	표류사실 확인 및 노정 기 언급	개인
경세유표 經世遺表	전환서典圜署	1817	표류 사실 및 통화유통 견문내용	개인
사대고례 事大考例	해방고海防考 제국인표해례諸國人 漂海例	1821	문순득 표류 사례 및 여 송인 관련	개인

『조선왕조실록』에는 문순득이 귀향한 지 5년 정도 시간
이 흐른 뒤 조선에 표류해 온 여송인을 송환하는 문제와

관련된 기사에 등장하고 있다. 1809년 6월 26일 기사 가운데 "여송국의 표류인을 송환시키라 명하다"는 내용에 문순득이 언급되어 있다. 여송에 표류했다가 귀환한 문순득의 사례가 회자되고 있다.

『일성록』은 국왕의 행동이나 국정 운영을 매일 일기 형식으로 기록한 공식적인 기록이었다. 문순득과 여송국 표류인 송환 관련 내용이 실록의 기록보다 상세하게 묘사되어 있다. 이 기록 역시 여송인 송환처리 문제와 관련된 것이지만, 문순득이 표류하게 된 경위를 비롯하여 노정과 여송呂宋의 풍속이 비교적 상세히 언급되어 있다. 조정에서 기록한 사료 가운데 그 내용이 가장 상세하고, 특히 견문 내용이 담겨 있다는 점에서 주목된다.

『동문휘고』는 조선 후기의 외교 관련 문서를 집대성한 책으로 주로 청조 예부와 조선 국왕 간의 문서 등이 실려 있다. 표류민에 대한 부분에 문순득과 관련된 내용이 수록되어 있다. 문순득 일행은 총 6명이 함께 표류했는데, 문호겸 등 4인이 먼저 북경에 도착했고, 나중에 문순득과 김옥문이 도착하였다. 먼저 도착한 문호겸 등 4인의 송환과 문순득 등 2인의 송환과 관련된 기록이 각각 남아 있다.

『통문관지』는 조선시대 사역원司譯院의 연혁과 중국·일본 등과의 외교 관계 사항을 기록한 책이다. 특히 표류민에 관한 내용이 많이 담겨 있다. 문순득 일행의 표류 사건에 대해서는 1804년(순조 4) 갑자년 기사에 간략하게 기록되어 있다.

『계산기정』은 동지사冬至使 서장관書狀官 일행으로 북경에 다녀온 한 인물이 노정 견문과 감회를 기록한 책이다. 그 내용 중 문순득 일행과 관련된 내용이 실려 있다. 표류한 문순득 일행 6명 중 문호겸 등 4명이 먼저 북경에 도착해 있을 때 동지사 일행이 그 관련 소문을 접하고, 표류인들을 불러 만났다. 『계산기정』의 저자는 표류민들을 만난 소감을 1804년 1월 5일 기록에 「표류주자가漂流舟子歌」라는 제목으로 기록하였다. 여송呂宋에서 문순득과 헤어진 이후의 일정에 대한 정보가 담겨 있다. 문순득을 제외한 표류 당시 동행했던 다른 표류인들의 증언이 담긴 유일한 자료이다.

『지정연기』는 1804년 동지사 서장관으로 중국에 다녀온 원재명元在明의 연행일기이다. 북경에 갔다가 문순득을 만난 일과 그 표류 사정에 관한 내용이 간략히 기록되어 있다. 문순득 자신이 표류 노정 중에 직접 작성해 온 기록도 존재했음을 암시하는 언급이 있다.

『경세유표』는 정약용이 강진 유배 시절인 1817년에 저술한 것이다. 경제론經世論과 관련된 제도 개혁안을 집대성한 것이다. 전환서典圜署를 소개하는 부분에 문순득의 경험 담이 직접 인용되어 있다. 전환서典圜署는 주전소鑄錢所를 의미한다. 정약용은 화폐제도의 개혁을 주장하면서, 문순 득이 표류 시절 오문 등에서 경험했던 외국의 화폐유통 상황을 언급하고 있다.

『사대고례』는 정약용과 제자 이청이 공동으로 집필한 조선의 대청외교大淸外交 관련 문헌이다. 편찬 시기는 1821년이다. 표류와 관련된 내용이 제14권 「해방고海防考」에 수록되어 있다. 유구琉球와 조선 사이의 표류인에 대한 사례를 소개한 '제국인표해례諸國人漂海例'에 문순득의 사례가 가장 상세하게 소개되고 있다.

4) 외국 사례에 남아 있는 문순득 표류관련 기록

표류인에 대한 내용이 언급된 국외 사료 가운데도 문순득과 관련된 기록이 꽤 많이 남아 있다. 확인된 내용을 정리하면 〈표 2〉와 같다. 이는 문순득 일행이 직접 언급되거나 해당 사건과 관련된 내용이 담긴 기록을 토대로 추출한것이다. 그 특징적인 내용을 간략히 살펴보도록 하겠다.

<表 2> 문순득 표류관련 국외기록 현황

자료명	해당년도	주요내용	건수
역대보안歷代寶案	1803.2.2. ~1803.12.19	문순득 표류 경위 여송에서 중국厦門 도착경위	7건
청대중유관계당안선 편清代中琉關係檔案 選編	1803.2.20 ~1803.8.19	진공선 침몰 처리 문제 호송선 표착 문제 여송에서 중국厦門 도착경위 표류민과 호송선 면세문제	5건
청대중도관계당안사 료속편清代中朝關係 檔案史料續編	1804.2.24	문순득 송환 처리 방식문제	1건
청대오문중문당안휘 편清代澳門中文檔案 彙編	1803.9 ~1803.12.4	문순득 오문 도착 경위 중국 정부에 인계 과정 중국에서 송환 처리 방식	4건

『역대보안歷代寶案』은 유구국의 역대 외교문서를 모은 것이다. 그중 유구 국왕과 중국 복건福建의 포정사사布政使司(지방행정 담당) 사이에 왕래한 여러 편의 공문에 문순득의 표류 사실과 관련된 내용이 포함되어 있다. 1803년 2월 21일부터 1803년 12월 19일 사이에 오간 7편의 문서가 관

련이 있다.[4] 이 중에서 문순득의 이름이 등장하고, 구체적인 내용이 직접 언급된 것은 1803년 7월 14일과 25일 두 편의 문서이다. 먼저 14일 자 문서에는 문순득이 유구琉球에 표류해 오기까지의 과정이 상세히 기록되어 있다. 출항한 날짜와 표류하기 시작한 날짜가 가장 구체적으로 기록되어 있다. 표착 할 당시 문순득 일행의 배가 파손되어 유구琉球 측에서 수거해서 불태웠다는 내용이 남아 있다. 25일 자 문서에는 유구에서 중국으로 호송하기 위해 출발한 이후 상황이 서술되어 있다.

『청대중유관계당안선편淸代中琉關係檔案選編』은 청조와 유구 간의 외교 업무 관련된 문서들을 모아 놓은 것이다. 주로 총독이나 순무 등의 고위 지방관리가 황제에게 올린 주접奏摺이 주를 이루는데, 민절총독閩浙總督·복주장군福州將이 올린 문서이다. 1803년 2월 20일~8월 19일 사이 5건의 문서가 문순득 표류와 관련된 것이다.[5] 표류 경위와 관련된 부분은 『역대보안』의 내용과 대체로 유사하지만, 그 조사와 처리 내용에 대한 청조의 입장이 나타나 있다. 또한,

---

4) 『歷代寶案』 제8책, 景仁文化社, 1990, 4637~4638쪽, 4640쪽, 4659~4666쪽 기록.
5) 中國第一歷史檔案館編, 『淸代中琉關係檔案續編』, 中華書局, 1994, 343~356쪽. 문서 47번, 48번, 49번, 50번, 51번, 52번, 54번.

문순득 표류 사건을 둘러싼 전후 관계를 이해할 수 있으며, 무엇보다 「표해시말」에 언급되어 있지 않은 당시 송환 체제를 살필 수 있는 중요한 자료이다.

『청대중조관계당안사료속편淸代中朝關係檔案史料續編』은 청조와 조선 간의 외교업무 관련된 문서를 모아 놓은 사료집 중 하나이다. 문순득 관련된 문서는 1건이 남아 있다.[6] 오문澳門을 통해 광동에 도착한 문순득에 관한 내용이다. 관련 문서는 1804년 2월 24일에 광동에서 황제에게 올려진 것이다. 향산현香山縣에서 오문澳門 이목夷目으로부터 보고받은 바에 의거하여 그 표류 경위를 조사하였고, 틀린 내용이 없어 문순득 · 김옥문 2명을 북경으로 올려보내 귀국시키겠다는 내용을 담고 있다.

『청대오문중문당안휘편淸代澳門中文檔案彙編』은 청조와 오문澳門(마카오)의 포르투갈 관원 사이에 주고받은 문서를 모아 놓은 것이다. 문순득과 관련된 4건의 문서가 남아 있다.[7] 하나는 오문의 포르투갈 관원이 청조 관원에게 품회한 내용이고, 나머지는 그 처리 방식에 대한 청조의 입장

---

6) 中國第一歷史檔案館編, 『淸代中朝關係檔案續編』, 中國檔案出版社, 1998, 41쪽.
7) 劉芳 輯, 『淸代澳門中文檔案彙編』 下, 澳門基金會, 1999, 문서 1248번 · 1249번 · 1250번 · 1251번.

을 포르투갈에게 알리는 형식으로 되어 있다. 1803년 9월부터 12월 시기에 작성된 문서이다. 이 문서들은 문순득이 오문에 도착한 후 어떻게 청조 관원에게 인계되고 북경으로 송환되게 되는지 과정을 상세하게 살펴볼 수 있는 유일한 자료이다. 다른 자료에서 나오지 않는 사항들도 포함되어 있어 주목된다. 「표해시말」에는 오문에 대한 묘사가 너무 소략하여, 오문 체류와 상황에 대해서는 구체적인 내용을 확인할 수 없다. 또한, 현재까지 발견된 표류기 가운데 오문을 체험한 사례는 알려진 바 없어, 이 자료들은 표류 관련 사료로서 매우 중요한 의미를 지니고 있다.

2. 국제 바닷길의 관문, 우이도

문순득의 고향 우이도牛耳島는 현재 전라남도 신안군 도초면에 속한 작은 섬이다. 섬의 모양이 소귀처럼 생겼다고 하여 '우이牛耳'라 불리게 되었다. 주변에 동소우이도東小牛耳島, 서소우이도西小牛耳島, 화도花島, 항도項島, 승도僧島, 송도松島, 가도駕島 등 여러 섬이 있어 이 일대를 '우이군도牛耳群島'라 칭한다. 우이군도의 중심이 되는 섬이 우이도이다. 항구도시인 목포시와 64.9km, 신안군 도초면에서 서남쪽으로 약 13km 떨어진 거리에 있다.

흥미로운 점은 우이도의 행정구역 내력이다. 현재 행정
구역은 전라남도 신안군 도초면에 속하지만, 우이도의 문
화적 뿌리는 나주목 흑산도(현 신안군 흑산면)와 연관이
깊다. 조선시대에는 소흑산도 혹은 흑산도로 불리며, 현
대흑산도와 같은 권역으로 인식되었다. 우이도를 소흑산도
로 칭했다는 사실은 1872년 제작된 「전라우도나주지방흑
산도지도」를 비롯하여 최익현의 문집인 『면암집』 등을 통
해서 확인된다. 또한 『대동지지』, 『증보문헌비고』, 『대동
여지도』에는 대흑산도와 구분하여 별도의 흑산도(일명 우
이도)가 기록되어 있다.

우이도를 비롯한 흑산권 서남해 도서의 지리적 환경은
한중일 삼국을 연결하는 국제해로의 요충지였다. 국제해로
에서 이 지역 섬들이 활용된 상황은 1751년에 집필된 지
리서인 이중환의 『택리지擇里志』를 통해 살펴볼 수 있다.

나주의 서남쪽에 영암군이 있는데 월출산 밑에 위치하였
다. 월출산은 한껏 깨끗하고 수려하여 화성이 하늘에 오르
는 산세이다. 산 남쪽은 월남촌이고 서쪽은 구림촌이다. 신
라 때 이름난 마을로서 지역이 서해와 남해가 맞닿는 곳에

위치하였다. 신라에서 당나라로 조공 갈 때 모두 이 고을 바닷가에서 배로 떠났다. 바닷길을 하루 가면 흑산도에 이르고, 흑산도에서 또 하루 가면 홍의도에 이른다. 다시 하루를 가면 가가도에 이르며, 간방 바람을 만나면 3일이면 태주 영파부 정해현에 도착하게 되는데, 실제로 순풍을 만나기만 하면 하루만에 도착할 수도 있다. 남송이 고려와 통행할 때 정해현 바닷가에서 배를 출발시켜 7일만에 고려 경계에 이르고 뭍에 올랐다는 것이 바로 이 지역이다. 당나라 때 신라 사람이 바다를 건너서 당나라에 들어간 것이 지금 통진 건널목에 배가 잇닿아 있는 것 같았다. 그 당시에 최치원, 김가기, 최승우는 장삿배를 편승하고 당나라에 들어가 당나라 과거에 합격하였다.[8]

당시 중국으로 가는 배들은 반드시 흑산도권 도서들을 경유해야 했다. '영암 구림'에서 출발하여 서남해역에 자리하고 있는 '흑산도 → 홍의도(현 홍도) → 가거도'를 거쳐서 중국에 도착하고 있음이 소개되고 있다. 또한 최치원 등이 당나라에 갈 때 상선을 이용했다는 점도 주목되는 부분이

---

8) 이중환 지음 · 이익성 옮김, 『택리지』, 을유문화사, 2009, 85쪽 '팔도 총론 전라도편' 참조.

다. 아주 오래전부터 상선들이 이러한 서남해 도서들을 경유했다면 그에 걸맞은 해상 상업 활동들이 이루어지고 있었을 것이다. 이는 섬사람들의 문화적 전통에 매우 중요한 뿌리가 된다.

『택리지』에서 언급한 흑산도 해로는 우이도를 포함하는 것으로 볼 수 있다. 김정호의 『대동지지大東地志』9) 같은 경우는 아예 『택리지』에서 언급한 해로를 우이도 부분에 소개하고 있기도 하다.10) 그만큼 우이도가 국제 해로 상에 매우 중요한 길목에 위치하고 있었음을 보여준다. 우이도는 중국과 한국을 연결하는 국제해로의 관문 역할을 하는 곳이다.

우이도를 비롯한 서남해 도서들이 국제 해로상의 요충지로 활용되었다는 점은 우이도와 현 신안군 서남해 도서 지역에 전해오는 최치원 설화와 관련해서도 확인할 수 있다. 9세기 말 최치원이 장사배에 몸을 싣고 중국으로 유학을 떠났는데, 그때 사용했던 루트가 『택리지』에서 소개한 해로였다. 최치원은 현 신안군 비금도와 우이도를 경유하

---

9) 조선후기 김정호가 쓴 지리서. 1861년(철종 12) 편찬에 착수하여 1866년까지 보완된 것으로 알려져 있다.
10) 『大東地志』羅州 山水편에는 '흑산도'와 '대흑산도'가 구분되어 기록되어 있다. 여기서 흑산도는 우이도를 칭한다.

였는데, 해당 지역마다 관련 설화가 현재까지 전승되고 있다. 그 가운데 우이도 최치원 설화와 관련된 내용은 최익현이 1876년 우이도 유배 시절에 작성한 기록에 다음과 같이 소개되고 있다.

세상에 전하기를 고운孤雲 선생이 당 나라에 들어길 때 이 산에 올라 작은 샘을 파고 은배銀盃를 띄워 두었으며, 또 철마鐵馬를 두어 이 산기山氣를 진압케 하였다고 한다. 그 후 철마는 그대로 전해 오고 은배는 근일에 와서 마을 사람이 훔쳐다 팔아먹었으며, 그 곳에 지내오던 제사마저 폐지하였다고 한다.[11]

최치원 설화를 통해 중국으로 가는 바닷길에서 서남해 도서들의 지리적 중요성과 활용도를 엿볼 수 있다. 역사적으로 중국으로 가는 해로에서 비금도와 우이도는 항해 시 바람을 기다리거나 식수를 공급받는 기착지였다. 특히 우이도는 먼바다를 건너기 전에 반드시 경유하는 코스였다. 지도상에서 보면 우이도는 먼 바다로 나가기 전, 마지막 해상에 위치한 섬이라는 점을 더 명확히 알 수 있다.

---

11) 최익현, 『국역 면암집』 1, 솔, 1997, 29쪽, 「登牛耳(小黑山一名)口號」.

우이도의 해로상 중요성에 대해서 최익현은 다음과 같이 매우 함축적으로 표현하였다.

대양大洋에 개재해 있으므로 많은 타국他國 선박의 표류와 또 적함賊艦들의 오가는 것을 절대로 등한시할 수 없으니, 마땅히 국가에서 검열 및 사찰 등의 기관을 두어서 일대 요새지를 만들어야 할 것이다.[12]

이러한 특성 때문에 우이도에는 바다를 지키는 수군진水軍鎭이 설치되었다. 최익현은 1556년에 대흑산도와 우이도에 각각 설치된 것으로 기록하고 있다.[13] 당시 우이도 수군진은 성城의 형태를 갖춘 것이 아니라, 관청을 두고 관원을 파견하여 관리하는 최소한의 형태였던 것으로 추정된다.

최익현은 이곳의 수군진 내력과 관리 실태에 대해 다음과 같이 비판하였다.

---

12) 앞의 주와 같음.
13) 앞의 주와 같음.

명종明宗 병진丙辰(1556)에 본도 및 흑산도에 각각 병관兵館을 설치하고, 각처 부대 중에 가장 경험이 많고 훈련에 능한 사람을 선택하여 보내기로 하되 임기는 반년으로 하고, 매년 춘추로 나누어 윤번제輪番制로 실시하게 하였으니 그 민생을 위해 근심한 뜻이 지극하다 할 수 있다. 그러나 그 관官만이 있을 뿐이요, 실제에 있어서는 안으로는 성곽城郭과 궁시弓矢의 마련이 없고 밖으로는 개미 같은 군졸하나도 없을 뿐 아니라, 이것을 통솔 감독하는 기관이 멀리 수백 리 험악한 파도 밖에 있어서 만일 졸지에 해적들이 엄습하여 온다면 우리 병관兵館에서 위에 주달奏達하는 그 사이에 온 섬 백성은 하소연할 곳도 없이 이미 어육魚肉이 되고 말 것이다.[14]

우이도가 해로상의 관문이라는 점은 구한말 일본인들도 인식을 같이 하고 있었다. 『한국수산지』에는 우이도 특징이 다음과 같이 서술되어 있다.

원래 첨사僉使를 두었던 곳으로 도초도의 서남에 있고 팔구포八口浦의 서쪽 제일 관문으로 대우이도, 소우이도 기타

수십 개의 무인도로 이루어 졌다. 군도 중 가장 큰 섬이 대우이도로 토속명 소귀섬이라 한다. 남북으로 1리 14정, 동서로 1리이다. 섬 안에는 몇 개의 봉우리가 우뚝 솟았는데 최고봉을 관음산觀音山이라 한다. 해발 1,175피트로 뾰족한 모양을 하고 있어 항해하는 사람의 좋은 목표이다.15)

첨사僉使는 조선시대 각 진영陣營에 두었던 무관직武官職으로 첨절제사僉節制使의 준말이다. 첨사를 두었다는 것은 우이도에 수군진이 있었음을 의미한다. '팔구포'라는 지명은 현 신안군 하의면 옥도를 기점으로 주변에 여덟 물길이 열려있어 외양外洋 및 시아時牙 바다로 통하게 되기 때문에 붙여진 이름이다.16) 외부 사람에게는 다소 생소한 지명이지만, 지금도 마을 주민이나 선박운항과 관련된 사람들은 '팔구포八口浦'라는 명칭을 사용하고 있다. 일본인들은 서남해역 바닷길을 활용하기 위해 팔구포에 있는 옥도에 일본 해군기지를 설치하고, 러일전쟁에 적극적으로 활용하였다.

일본인들은 해로海路의 요충지인 팔구포의 서쪽 제일 관

---

15) 김정섭 역, 『신안수산지』, 신안문화원, 2004. 59쪽(신안수산지는 『한국수산지』의 내용 중 현 신안군 관련 된 내용을 국역하여 만든 책이다); 농상공부수산국, 『한국수산지』 3권, 1910, 민속원, 351쪽.
16) 농상공부수산국, 『한국수산지』 3권, 1910, 민속원, 318쪽.

〈그림 2〉 현 전라남도 신안군 우이도 풍경

문으로 '우이도'로 인식하고 있다. 또한 '관음산'이라는 높은 봉우리가 있어 항해하는 사람들의 목표점이 된다는 설명을 하고 있다.[17] 우이도가 해로상의 중요한 관문이며, 높은 봉우리가 있어 뱃길을 인도하는 등대와 같은 역할을 하고 있음을 알 수 있다.

17) '관음산'이라는 이름은 현재는 사용되지 않고 있다. 현 '상상봉'을 지칭하는 것으로 추정된다.

이상에서 살펴본 것처럼 우이도는 고대부터 근대에 이르기까지 해로에서 중요하게 활용되었다. 우이도가 지닌 이러한 해로상의 장점은 섬 주민들의 생활문화에도 많은 영향을 주었다. 이는 문순득과 같은 인물이 탄생하게 되는 하나의 중요한 배경이다.

3. 바닷길을 활용한 우이도 사람들의 생활상

우이도는 먼바다로 나가는 길목이자, 연안으로 들어오는 관문이기도 했다. 이러한 바닷길은 섬 주민들의 생활방식에도 많은 영향을 주었다. 특히 우이도의 경우는 바닷길의 장점을 이용한 해상교역의 전통이 존재했다는 특징이 있다.

문순득의 「표해시말」에는 표류를 하게 된 계기가 태사도[18]로 홍어를 구입하기 위해 간 것 때문이라고 소개되어 있다. 짧은 글이지만 이는 시사하는 바가 매우 크다. 단순

---

18) 현 신안군 흑산면 상태도·중태도·하태도를 칭한다. 기록에 따라 태도, 태사도, 태고도 등으로 불렀다. 해초가 풍부하고 품질이 좋아서 태도苔島라는 이름이 붙었다고 한다.(전라남도, 『전남의 섬』, 2002, 755쪽)

히 개인적인 필요성 때문이 아니라 문순득을 비롯한 우이도 사람들이 그러한 교역 활동을 하고 있었음을 상징한다.

우이도 주변의 해양환경은 다음과 같은 특징이 있다. 먼저 해류 흐름을 볼 때 겨울동안에는 우이도와 흑산도 근해에서 한·난류가 접하는 조경수역이 형성되며, 따라서 어족이 풍부한 어장이 형성된다. 우이도 근해는 한·난대성 어족이 함께 모여들어 성시를 이루는 어장이 형성되어 왔다. 대흑산도 근해에서는 과거에 홍어·조기·꽃게·병어·민어·삼치 등이 주 어종이었다. 흑산 홍어는 현재도 그 명성이 남아 있으며, 조기잡이 성행은 한때 이 지역에 국제적인 파시를 형성시키기도 했다.[19]

우이도 사람들의 생업 활동 중 가장 큰 특징은 주변에 좋은 어장을 지니고 있으면서도, 어로 활동보다는 상업 활동에 더 많은 비중을 두고 있었다는 점이다. 해양생태계의 조건은 유사하더라도 여러 가지 사회적 변수에 따라 문화적 현상이 다양하게 나타나는 것은 섬 문화가 지닌 특징이다. 우이도 사람들의 문화현상에 나타나는 변수는 바로 '바

---

19) 문병채, 「한국 서남해역의 지리·생태조건과 지역문화」, 『도서문화』 20집, 목포대도서문화연구소, 2002, 13쪽.

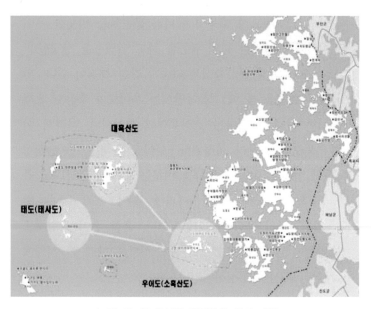

〈그림 3〉 현 신안군 우이도의 위치 지도

닻길'이었다. 우이도에서 중계무역의 교역활동이 가능했던 것은 우이도의 해로상 특징이 그 배경이 된다. 우이도는 연안의 수많은 섬과 먼바다에 있는 대흑산도 권역의 섬들을 연결하는 거점에 해당되며, 양쪽 지역을 연결하여 항해하기에 매우 유리한 조건을 지니고 있다.

우이도의 해상교역 전통을 시대적인 흐름과 이를 뒷받

〈그림 4〉 전라남도나주지방흑산도지도 全羅南道羅州地方黑山島地圖

침하는 관련 자료들을 중심으로 살펴보면, 문순득의 상업
활동을 이해하기 쉬워진다. 우이도의 조선시대 상황에 대
해서 알 수 있는 자료는 그리 많은 않은데, 1872년에 만들

어진 조선후기 지방지도[20]를 통해 우이도의 마을형세를 대략 살펴볼 수 있다. 〈그림 4〉는 전라도 각 군·현·진에서 만들어 올린 채색지도 중 하나로 원제목은 '전라남도나주지방흑산도지도全羅南道羅州地方黑山島圖'이다. 흑산군도는 전라도 서해안의 도서 중에서 가장 서쪽에 위치한 섬들로 당시는 나주에 소속되어 있었다.[21] 이 시기 다른 섬 지역 지도는 대부분 수군진水軍鎭이 있는 곳이 그려져 있고, 명칭도 수군진 이름이 들어가는 경우가 많다. 그런데 이 지도에는 명칭이 '전라남도나주지방흑산도지도全羅南道羅州地方黑山島圖'로 명기되어 있는 것으로 보아 이미 이 시기에 수군진으로서의 기능은 거의 소멸된 것으로 추정된다.

지도의 위쪽에는 대흑산도가 그려져 있다. 아래에는 소흑산도가 따로 그려져 있는데, 이 섬이 우이도이다. 지도에 우이도는 둘레 23리, 길이 8리, 넓이 7리로 표시되어 있고, 가장 높은 봉우리에 '상봉上峯'이라 표기되어 있다. 최치원이 중국 유학길에 우이도에 들려 바둑을 두었다는

---

20) 『조선후기 지방지도』 전라도편, 서울대학교 규장각, 1996.
21) 무안이나 영광 등 인근 고을이 아닌 나주에 소속되어 있었던 것이 특징이다. 이를 '월경지越境地'라고 부른다. 소속 읍과 따로 떨어진 곳에 위치한 군현郡縣의 특수구역에 해당되며, 여러 가지 이해관계로 인해 이러한 현상이 생겨났다. 지도가 제작된 1872년 무렵까지도 조선시대의 월경지 제도가 존속하고 있었다.

설화가 전해오는 곳이다.

지도에는 우이도 마을 이름으로 진촌鎭村(현 진리), 예촌
乂村(현 예리), 저항촌猪項村(현 저항리 돈목), 성촌星村(현
성촌), 대촌大村(현 대초리를 지칭하는 듯)이 표시되어 있
다. 문순득은 이 중 진촌이라는 곳에서 살았다. 현재는 진
리鎭里라고 부르는 마을이다. '진리'라는 마을 이름은 이곳
에 수군진水軍鎭이 있었기 때문에 유래한 것이다. 문순득은
이 마을에서 살았으며, 최익현과 정약전 등 우이도에 유배
된 사람들도 주로 이곳 진리에 머물렀다.

지도의 우이도 부분에서 가장 주목할 부분은 이 진리마
을에 선창船艙의 위치가 별도 표시되어 있다는 점이다. 이
선창은 조선시대에 배가 출입하던 시설을 의미하는데, 우
이도 1구 진리 마을 입구에 지금도 옛 선창의 모습이 그대
로 남아 있다. 이 선창은 우리나라에서 가장 오래된 포구
시설 중 하나로 그 원형이 잘 보존되어 있어 2010년에 전
라남도기념물로 지정되었다.

우이도 선창은 돌을 쌓아서 만든 것으로 1745년(영조
21) 이전에 조성된 것이다. 조성 목적은 우이도에 있었던
수군진과 관련된 것으로 볼 수도 있지만, 그보다는 우이도
사람들의 해상교역 활동을 위한 기초 시설이었을 가능성이
높다. 우이도 사람들의 생계 수단인 배를 이용한 상업 활

동을 위한 기반 시설이었을 것으로 보는 근거는 현재 선창 주변에 남아 있는 공적비 때문이다. 공적비는 선창을 지나 마을로 들어가는 길의 우측에 남아 있다. 당시 우이도 진리 선창을 중건하는데, 공이 있는 사람들의 명단을 적은 공적비이다. 중건重建 공적비의 건립시기가 1745년이므로 그 이전부터 이곳에 선창시설이 있었음을 알 수 있다.

선창 공적비에는 도움을 준 시주施主 21명과 화주化主 4명의 마을 주민 이름이 새겨져 있다. 마을 주민들이 수군진을 위해 선창을 조성하고, 그 공덕비를 세웠을 가능성은 매우 낮다. 우이도 진리 사람들에게 선창은 그들의 생계 활동에 가장 중요한 기반이었다. 공덕비에 새겨진 화주의 명단 중에 문순득의 선조인 문일장文日章의 이름이 포함되어 있다. 문일장이 당시 선창 조성에 앞장섰다는 사실은 이 선창의 활용도가 배를 이용한 상업 활동에 있었음을 뒷받침하는 근거이다.

우이도는 거의가 구릉지이고, 평지가 별로 없다. 그러다 보니 경작지가 작고 농산물의 수확도 많지 않다. 때문에, 자급자족보다는 항해와 상업 활동이 자연스럽게 발달하였다. 우이도 사람들의 상업 활동에 대한 전통에 대해서『한국수산지』의 다음과 같은 기록이 매우 중요한 단서가 된다.

섬은 물산이 넉넉하지 못하여 항해업의 발달을 가져왔고, 섬사람 중에는 상선으로 1년 내내 대륙 기타 각 섬 사이를 왕래하며 상업을 하는 사람이 비교적 많다.[22]

또한 주로 왕래하는 장소에 대해서는 다음과 같이 언급하고 있다.

왕래하는 장소는 대륙으로 나주, 영암, 해남, 법성포, 줄포 등이고, 각 섬으로는 삼태도, 대흑산군도, 나주군도 등이다.[23]

이를 통해 우이도 사람들이 전통적으로 육지와 섬을 오가는 중계무역을 통한 상업 활동을 활발하게 하고 있었음이 확인된다. 왕래 지역 가운데 삼태도는 현재 상태·중태·하태 세 섬으로 이루어진 곳으로 대흑산도 인근에 있는 섬이다. 삼태도는 「표해시말」에서 문순득이 홍어를 사러간 태사도苔沙島와 같은 지역이다. 삼태도와 우이도 사람들의 교역활동에 대해서는 『한국수산지』의 다음 기록이

---

22) 『한국수산지』, 앞의 책, 318쪽.
23) 앞의 주와 같음.

많은 의미를 내포하고 있다.

　　태사도苔沙島라 칭하고, 태도苔島라고도 한다. 대흑산도의
남방 18해리에 있다. 3개의 큰 섬과 약간의 무인도로 이루
어져 남북 약 6해리에 널려있다. 섬의 인가는 약 50호로
토지가 메말라 농산물이 적지만 가오리, 상어, 조기, 농어
그밖에 미역, 가사리 등이 많이 나서 섬사람들은 전부가 어
업으로 의식衣食을 해결하고 부녀자라도 연안의 바위에서
농어, 도미의 외줄 낚시를 한다. 이 섬은 예로부터 우이도
와 왕래가 빈번하여 많은 생활물자를 우이도의 상인으로부
터 공급받는다. 이 섬은 물산이 풍부하지 않아 많은 섬사람
이 행상에 의해 생계를 꾸린다.[24]

　　해로상의 요충지에 있고, 내륙과의 왕래가 좀 더 용이했
던 우이도 사람들이 태도 지역에서 수확되는 수산물들을
가지고 육지에 내다 팔고, 반대로 육지에서 섬 주민들의
생활물자를 구입해 와서 섬사람들에 공급하는 양상이었다.
우이도와 태도 사람들의 관계는 서남해 도서들 사이에 존
재하는 독특한 문화적 네트워크 현상을 보여주는 좋은 사

---

24) 김정섭 역, 『신안수산지』, 신안문화원, 2004, 56~57쪽.

레이다. 비록 두 섬 사이에 거리는 멀리 떨어져 있지만 바닷길이라는 문화적 요소에 의해 섬 주민들의 생활문화가 많은 영향을 받고 있다.

조선후기 시대가 해금海禁이라는 사회적 상황으로 인해 해상에서의 국제적인 무역활동이 침체되어 있기는 했지만, 국내 경우는 나름대로 선박을 이용한 무역활동이 꾸준히 유지되고 있었다. 섬 주민들도 선박을 통해 항해하면서 필요한 물품을 교역하는 상황이었는데, 그 과정에서 풍랑을 만나 표류를 하게 되는 사건이 종종 발생했다. 구체적으로 제주도에서 흑산도까지 물건을 팔기 위해 출항했다가 표류한 사례와 관련된 기록도 남아 있다.[25]

흑산도권 사람들의 해상교역 활동에 대한 전통은 유배인 기록을 통해서도 살펴볼 수 있다. 다음은 흑산도에 유배 명을 받은 후, 1768년부터 1771년까지 우이도에서 생활했던 김약행金若行이 남긴 글 중에 수록된 내용이다.[26]

---

25) 정운경 지음·정민 옮김, 『탐라문견록─바다 밖의 넓은 세상』, 휴머니스트, 2008, 127쪽 '1720년 대정현 백성 원구혁의 일본 신공포 표류기' 참조.
26) 김약행 역시 흑산도로 정배되었지만, 실제 거주지는 우이도였다. 당시 우이도가 같은 흑산도로 인식되었기 때문에 가능했던 일이다.

대·소흑산에 사는 백성들은 고기장사를 업으로 하는 사람이 많아 범박帆舶을 타고 서로 오간다.[27]

비교적 문순득이 살았던 시대와 근접해 있는 기록이어서 당시 우이도 사람들의 상업활동이 매우 활발했음을 알 수 있다. 서로 오갔다는 내용에서 타 섬의 사람들이 물고기를 팔기 위해 우이도로 들어오는 경우도 있었음을 알 수 있다. 또한 '범박帆舶'이라고 배를 표현한 것도 인상적이다. 박舶은 크기가 꽤 큰 장삿배에 주로 사용하는 단어이다.

비교적 근래까지 우이도 주민들의 해상교역 활동의 전통은 유지되어 왔었다. 우이도 사람들이 소유하고 있는 선박문화에서도 그러한 내용을 확인할 수 있다. 우이도에는 어로행위가 목적이 아닌 상업활동을 위한 배(주민들은 이를 상고선商賈船이라 칭한다)가 존재해 왔다. 이 배는 주로 어류를 유통하는 객주들이 소유하고 있었다.

우이도 사람들의 해상 교역활동의 전통은 현지에 남아 있는 '조기간장'이라는 생선창고의 용도를 통해서도 확인할 수가 있다. 우이도 사람들은 다른 섬에서 사 가지고 온 생선(조기 등)을 이 창고에 염장 후 저장해 두었다가 명절

27) 金若行, 「遊黑山記」, 『仙華遺稿』, 목민, 2005, 274쪽.

등 대목에 내다 팔았다. 우이도 사람들의 교역활동이 단순히 자신들의 생계 유지를 위한 물물교환 차원이 아닌 영리를 목적으로 한 상업 활동의 일환이었다는 점을 의미한다.

4. 「표해시말」의 주인공, 홍어 상인 문순득

1) 문순득 가계의 특징

표류 사건의 당사자인 문순득은 고향 우이도를 무대로 바닷길을 활용해 교역 활동을 했던 상인이라는 점이 가장 큰 특징이다. 평소 바닷길과 익숙한 상인이었다는 점에서 다른 표류인 사례와 다르다. 이는 19세기 초 해양에 대한 인식이 근대적 개념으로 변모해 가는 과정에서 더욱 특별하게 가치 평가를 할 수 있는 모든 출발점이기도 하다.

문순득은 홍어를 취급하는 상인이었다. 「표해시말」에는 "홍어를 사기 위해 태사도에 갔다가 풍랑을 만나 표류했다"는 내용이 남아 있다. 이 기록만으로는 문순득이 어상魚商이었는지는 확정할 수 없다. 홍어를 사기 위해 출항했다는 기록이 있을 뿐, 홍어를 구해다가 다른 곳에 판매했다는 등의 내용은 언급되어 있지 않기 때문이다. 그러나, 다

〈그림 5〉 전형적인 어촌마을 우이도 풍경

른 자료와 후손인 고故 문채옥의 가계에 대한 내력을 증언
내용 등을 종합하면 흑산도권의 특산물인 홍어를 중심으로
해상 상업활동을 한 인물이었음을 알 수 있다.

　문순득의 경험담을 토대로 작성된 또 다른 기록인 「운
곡선설雲谷船說」에서 저자인 이강회李綱會는 문순득을 "장사
를 업으로 삼는 사람"이라고 표현하고 있다. 이밖에 문순
득 관련 외국 사료 가운데 오문澳門에서 작성된 기록에 "배
를 타고 장사를 하는 사람들로서, 본국의 행패行牌(허가증)

를 가지고 있었다."는 내용이 있어 문순득이 상인이었음을 뒷받침한다.[28) 유구琉球 측 자료인 『역대보안』에도 태고도 太古島(현 태도)에 교역을 하기 위해 간 것임이 기록되어 있다.[29)

〈그림 6〉 우이도 문순득 생가의 원모습(현재는 태풍으로 훼손되어 새로 복원되었다.)

28) 劉芳 輯, 『葡萄牙東波塔檔案館藏 淸代澳門中文檔案彙編』 下, 澳門基 金會, 1999, 638쪽.
29) 『歷代寶案』 第八冊, 경인문화사, 1990, 4659~4666쪽.

앞에서 우이도 사람들과 태도 주변 섬 사이의 교역관계를 설명했는데, 문순득 집안이 그 대표적인 사례에 해당한다. 우이도에 살면서 선박을 이용해 상업 활동을 하였다. 문순득의 표류 관련 기록을 토대로 살펴보면 당시 문순득 집안에서 취급하는 교역 활동의 주요 품목 중 하나가 홍어였을 것이다. 홍어를 구해다가 내류(영암 도포, 나주 영산포) 등지에 내다 팔고, 그 수익금으로 먼바다에 자리한 섬 주민들의 생활에 필요한 쌀 등 기타 물품을 구매해서 제공하는 방식이다.

문순득 집안은 상선을 소유하고 육지와 서남해 섬들을 연결하는 교역 활동을 해 왔다. 문순득 집안의 가업에 대해서는 후손이자 『유암총서』의 소장자인 문채옥 어르신과 생전에 여러 차례 면담을 통해 확인한 바 있다.

즉, 문순득 집안은 육지 쪽에서 쌀 등을 구매해서 먼 바다에 위치한 태도 등의 섬에서 생산되는 홍어 등의 특산품과 물물교환 형태로 교역을 진행하는 상인이었다.

문순득의 집안은 이러한 해상교역 활동으로 우이도에서 나름대로 생활 기반을 구축하였다. 『남평문씨대동보권지팔 南平文氏大同譜券之八』(남평문씨대종회, 1995)에는 문순득에 대해 다음과 같이 기록되어 있다.

淳得 [순득]

字 [자] 天初 [천초]30)

正廟丁酉生丁未四月二十七日卒 [정묘정유생정미사월이십칠일
졸]

贈嘉善同知中樞府事 [증가선동지중추부사]

廟海南郡花山面錦城山 [묘해남군화산면금성산]

先塋下雙榮 [선영하쌍영]

문순득이 가선동지중추부사嘉善同知中樞府事로 추증되었다
는 내용이 포함되어 있어 눈길을 끈다. 이는 조선후기에
성행했던 납속첩과 관련된 것이다. 후손인 고 문채옥 문중
에 6통의 교지가 전해 보존 되어왔다. 이는 실제 왕으로부
터 받은 것이 아니라 모두 납속을 통해 획득한 것이다. 교
지 자체에 '납納'이라는 문구가 발급자 부분에 작은 글씨로
쓰여 있다. 조선후기에 국가의 재정이 궁핍해지자 정부에
서 백성들로부터 돈이나 쌀 등을 받고서 사령장을 발급하
였는데, 이 교지들은 그러한 맥락에서 문순득 집안에서 소
장하게 된 것이다.

---

30) 족보에 '夫初'로 표기되어 있다. '天初'의 誤記로 보인다.

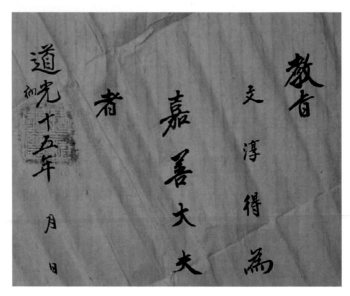

〈그림 7〉 문순득 집안에 보존되어 온 교지(1835년)

문계창부터 문순득의 손자 문광길 대代에 이르기까지 모두 교지가 구비되어 있고, 하나는 유인 한씨와 관련된 것이다. 먼 바다에 위치한 섬 지역에서 이런 것을 지니고 있다는 것은 집안 재력의 상징이고, 한편으로 문중을 키워나가고 과시하려는 노력이 있는 집안이라는 점을 반영하는 것이다. 비록 납속첩이지만 문순득의 집안이 우이도 지역에서 유지층에 속하고 있었음을 알 수 있다. 섬 지방에도 이런 납속을 통해 발급받은 교지를 소유하고 있는 집안들이 간혹 있다. 때문에, 덕망 있는 유배인이 우이도에 들어왔을 때 교류하는 것이 가능했다. 문순득의 집안은 지역사회 일에도 앞장섰다. 우이도 진리 선창 공적비에 문순득의 선조인 문일장文日章의 이름이 등장하고 있다는 점에서 그러한 면모를 살필 수 있다.

유사한 시기에 흑산도권에는 김이수金理守라는 인물이 활동하고 있었다. 김이수는 대흑산도와 지척에 있는 대둔도 출신으로 1791년 정조 임금께 격쟁擊錚을 올려 섬 주민들의 닥나무 세금 문제를 해결하는 등 한평생을 섬사람들의 민원을 해결하기 위해 노력했던 활동가였다. 당시에는 흑산도·우이도·태도·홍도 등 섬사람들이 겪는 고충이 한꺼번에 상부에 진정되었고, 섬 주민들이 힘을 모아서 문제 해결을 위해 노력하는 상황이었다. 김이수의 활동 사항에 대해 기록한 전기에는 다음과 같은 내용이 등장한다.

본도本島의 사람인 이동환李東煥과 안상정安象鼎, 그리고 우이도牛耳島 사람인 문복겸文複謙 등과 함께 본주本州에 진정陳情하였는데 본관本官이 혼자 이 일을 처리하지 못하고 조정으로 서찰을 보내어 그 처결을 받고자 하므로 순영巡營에까지 올라가 그 사실을 진정陳情하였다.31)

김이수와 뜻을 함께 해서 활동한 사람 가운데 우이도 사람 문복겸이 포함되어 있다. 그는 문순득의 바로 윗대 집안사람이다. 또 김이수의 활동을 담은 여러 기록에는 문씨 성을 가진 인물들이 등장하는데, 이들은 문순득의 집안과 인척 관계에 있는 사람들이다. 이렇듯 우이도에서 문순득 집안은 재력적인 면이나 활동적인 면에서 모두 중요한 위치를 차지하고 있었다.

문순득 집안의 활동 내력 가운데 가장 주목되는 점은 우이도와 강진에서 각각 떨어져서 유배생활을 하고 있던 정약전·정약용 형제의 연결고리 역할을 맡아서 하고 있었다는 사실이다.

정약용이 작성한 아래의 편지는 그러한 정황을 뒷받침한다.

우이牛耳의 문생文生이 와서 보내준 서찰을 받으니 애통하고 위안되는 마음이 진실로 간절하였습니다. 요사이 매우 추운 날씨에 예전처럼 편안히 잘 지내시는지요? 달려가고 싶은 마음이 도리어 깊습니다. 복인服人은 가문의 운세가

---

31) 1812년 김광은이 기록한 것으로 원제목은 「김이수전金理守傳」이다. 원자료는 김이수 문중에서 소장하고 있다. 국역문의 출처는 다음과 같다. 신안문화원, 『김이수 전기』, 2003, 48쪽.

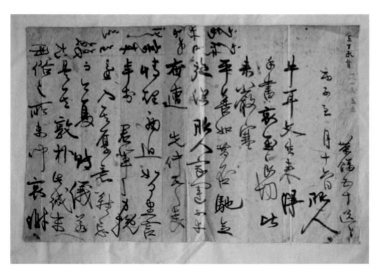

〈그림 8〉 1816년 강진의 정약용이 우이도 주민에게 보낸 편지(강진군 소장)

불행하여 문득 중씨仲氏의 상을 당하였으니 애통하고 박절한 정리情理를 어떻게 다 말씀드리겠습니까?

연전年前에 여러분들이 힘써 만류하여 환입還入했으니 그 후한 뜻을 잊기 어려운데, 이번 여름에는 부의賻儀도 이처럼 후하게 해 주셨으니 이는 진실로 말속末俗에서 듣지 못하던 일입니다. 어떻게 고마움을 표해야 할지 모르겠습니다. 더욱이 전복全鰒까지 보내 주셨으니 더욱 어찌할 바를 모르겠습니다. 감사의 말씀을 일일이 다 못 드립니다.

병자년丙子年(1816) 11월16일 복인服人 다병茶餠 50개를
보냅니다.[32]

이 편지는 정약용이 정약전 사후 1816년 11월에 누군가
에게 감사하는 마음을 담아 보낸 답장이다. 먼저 온 편지
는 우이도의 문씨가 전달했음을 서두에 밝히고 있다. 이는
서남해 섬과 내륙을 배를 타고 왕래하면서 상업 활동을 하
던 문순득 집안에서 정약용이나 정약전에게 가는 편지를
전달하는 역할을 하고 있었음을 추정하게 하는 중요한 자
료이다. 이 편지의 수신자가 누구인지 정확하게 알 수 없
지만, 유배 시절에 정약전과 정약용 사이에 오가는 편지도
이러한 상선을 통해서 전달되었을 것이다. 그 과정에서 문
순득의 표류 경험은 강진의 정약용이나 이강회에게도 자연
스럽게 알려질 수 있었다.

어쩌면 이 편지를 전달했던 우이도의 문씨가 문순득이
었을 지도 모른다. 문순득의 직업은 여러 섬과 육지를 배
를 타고 왕래하면서 상업 활동을 하는 것이었는데, 당시에
는 문순득이 타고 다니는 이러한 상선들이 소식과 문화를

---

32) 강진군, 『茶山 丁若鏞』, 2008. 104쪽.

전달하는 매개체 역할도 함께 수행하는 상황이었다.

문순득은 상업 활동을 통해 획득한 부를 바탕으로 우이도에 유배 온 정약전과 교류(지원)하는 것이 가능했다. 또한, 배를 타고 서남해의 인근 섬들과 내륙을 왕래하는 특성상 두 형제간의 연결고리 역할도 했을 것이다. 서남해 여러 섬으로 보내진 유배인들의 편지를 전달하는 역할은 섬들을 왕래하는 상선商船을 통해서 이루지고 있었다. 이러한 상선은 유배인들에게 생활물자를 공급하는 역할을 하기도 하고 편지를 전하기도 하며, 다른 지방의 세상 돌아가는 소식을 전달하는 역할을 한다.

2) 문순득 개인 역량에 대한 평가

해상교역이라는 집안 전통을 이어받은 문순득은 개인적으로도 여러 면에서 뛰어난 역량을 지니고 있었다. 특히 장사에 대한 수단이 남다른 인물이었다. 심지어 표류 기간에도 장사를 생계수단으로 이용했다. 「표해시말」에 따르면 여송呂宋에서 체류하던 시절에 그 지역 사람들이 끈을 꼬는 방법을 잘 모른다는 사실을 알고, 끈을 꼬아서 팔기도 하였다. 또 현지 중국인들의 쌀 무역을 돕기도 하였다.[33]

배를 타고 장사를 하던 문순득은 실리에 밝았던 인물이었다. 특히 사물을 바라보는 관찰력이 매우 좋았던 것으로 당시 기록에 언급되어 있다. 관련 기록을 남긴 이강회는 문순득을 일컬어 "비록 문자文字에 능한 것은 아니나 사람됨이 총명함과 재능이 있다"고 평하였다. 「운곡선설」에서는 이글이 "문순득의 말에서 나오고 나의 붓에서 이루어졌다."고 밝혔다. 단순히 문순득의 경험을 듣고 구술했다는 취지를 넘어서 그의 역량을 인정하였다. "대개 이 사람이 선박에 관한 일에 익숙하고 또 총명함과 재능을 겸했기 때문"에 이 글을 쓰는 것이 가능했다는 점을 밝혀두었다. 또한 사물을 관찰하는 능력이 다른 사람에 비해 탁월하다는 점을 강조하였다. 사물 관찰 능력과 관련해서는 「운곡선설」에 다음과 같은 구체적인 사례가 제시되어 있다.

마을에 나무하는 사람이 물수리 한 마리를 잡아 와 모든 사람이 모여 살펴보는데 천초天初(문순득)가 언뜻 보고 들어와서 그 두 발톱을 들어 자세히 살펴보고는 갑자기 그것을 들어 보이며 여러 사람에게 말하기를 시험 삼아 이 발톱을 보라, 발톱 중에서 뒤 발톱과 긴 발톱이 세모서리를

---

33) 『薊山紀程』 제3권, 留館 갑자년(1804) 1월 「漂流舟子歌」 기사.

이루니[나머지는 모두 두 모서리로 되어있다.] 새가 사납게 공격하는 것이 대개 이에 의지한다. 비로소 살펴보니 과연 문천초文天初의 말과 같았다. 그 사물을 살피는데 유별남이 이와 같다.

이강회는 "문순득과 함께 표류하였던 사람을 모두 만나 보았으나, 이국에 대해서는 한 가지도 아는 바가 없었다. 그런데 유독 문순득 만이 두루 살펴본 바를 자세하게 구술하여 글로 남기게 되었다"고 하였다. 문순득은 상인이면서도 일정 수준의 교양을 갖춘 사람이었다.

특히 선박을 이용한 해상 상인으로서의 전문성이 주목된다. 문순득의 체험담을 토대로 이강회가 집필한 「운곡선설」과 이강회가 우이도에 표류해 온 청나라 선박을 직접 조사한 후 집필한 「현주만록玄洲漫錄」이 비교 대상이 된다. 문순득의 사물에 대한 관찰 능력과 인식 수준이 얼마나 뛰어났는가를 알 수 있다. 이강회가 우이도에 표착한 중국 배를 직접 승선하여 확인한 후 저술한 「현주만록」의 내용보다 간접적으로 문순득의 체험담에 의지하여 저술한 「운곡선설」의 내용이 훨씬 더 자세하고 깊이 있는 분석이 이루어지고 있기 때문이다. 이강회는 「현주만록」의 본문에서 "내가 배에 있는 동안 멀미가 나서, 아주 자세하게 살펴볼 수가 없었고, 그 모사摹寫한 것도 또한 대개일 뿐이다."고 밝히고 있다.34) 배에 익숙하지 않은 사람한테는 배의 구조를 살피는 일이 쉽지 않은 일이었다. 오히려 뱃사람인 문순득이 체험한 내용을 전해 듣고 기록한 「운곡선설」이 배와 항해에 대한 이해도가 깊은 자료라는 점이 중요하다. 섬에서 활동하는 일개 상인이지만, 문순득의 시각과 그가 지닌 해양문화에 대한 식견에 나름의 전문가 영역이 존재했다.

한편 그의 표류경험담을 구술로 듣고 정약전과 이강회가 각각 「표해시말」과 「운곡선설」을 작성한 것으로 알려져 있으나, 분명 표류시절 무엇인가 기록해 온 것들이 있었을 것으로 추정된다. 『조선왕조실록』에 등장하는 아래의 기록은 그러한 추정을 뒷받침한다.

나주羅州 흑산도黑山島 사람 문순득文順得이 표류되어 여송국呂宋國에 들어갔었는데, 그 나라 사람의 형모形貌와 의관衣冠을 보고 그들의 방언方言을 또한 기록하여 가지고 온

---

34) 「玄洲漫錄」, 『茶山學團 文獻集成』 7, 대동문화연구원, 2008. 「玄洲漫錄」 영인본 중 '舵樓' 마지막부분에 언급.

것이 있었다.[35)

　분명 문순득은 언제 고향으로 돌아갈지 모르는 기약 없는 먼 표류의 여정 속에서도 자기 방식대로 기록을 남겨 온 것이다. 무엇인가 문순득이 현장에서 적어 온 기록이 있었고, 거기에 문순득의 구술이 덧붙여져 정약전의 「표해시말」과 이강회의 「운곡선설」이 탄생하였다.

　또한 문순득은 언어에 있어서 매우 뛰어난 능력을 소유하고 있었다. 「표해시말」의 말미에 조선어와 유구어, 여송어를 비교한 112개의 단어가 첨부되어 있다. 이는 문순득의 언어에 대한 국제적인 감각을 보여준다. 이러한 언어 기록과 감각은 생존을 위한 필사적인 노력의 결과이기도 하지만, 그의 생활 터전이 되었던 '우이도'가 지닌 열린 문화공간으로서 독특한 배경과 해상교역 활동의 경험이 밑바탕에 깔려 있다.

---

35)『조선왕조실록』, 순조 12권, 1809년(순조 9) 6월 26일 기사.

5. 조선인 최장거리 표류 노정

우이도에 살던 문순득은 1801년 12월에 대흑산도 남쪽에 있는 태사도로 홍어를 사러 갔다가 돌아오는 길에 풍랑을 만나 표류하였다. 1801년에 출항하여 1805년 1월 8일에 고향에 돌아오게 되므로 햇수로는 5년, 일수는 만 3년 2개월 동안이나 타지에서 생활하게 되었다.[36] 문순득은 지금까지 확인된 조선의 표류경험자 중에 가장 장거리를 다녀온 사례이기도 하다.

문순득이 출항하여 표류 생활을 하다가 중국(청)을 거쳐서 고향으로 귀환하게 되는 노정의 주요 지역을 시간의 순서대로 정리하면 다음과 같다.

문순득의 표류 기간 주요 이동 경로

우이도 → 태사도 → 진도 → 제주도 → 유구 대도 → 유구
대도 양관촌 → 유구 대도 우검촌 → 유구 나하那覇 → 유구
나하那覇 마치산도 → 여송 일로코 → 여송 비간 → 중국 오문

---

36)「표해시말」 기록을 토대로 우이도에서 처음 출항한 신유 12월부터
　계산한 것이다. 태사도 인근에서 바람을 만난 시기부터 계산하면 한
　달을 줄여서 3년 1개월이다.

→ 향산현 → 광동부 → 남경 → 북경 → 조선 의주 → 한양 →
다경포 → 우이도

위의 지명은 「표해시말」에 기록된 지명을 토대로 한 것
이다. 문순득의 표류 노정은 매우 복잡하다. 국가적(지역
적)으로도 유구, 여송, 오문, 중국(청조) 등 4개 지역에 해
당한다. 문순득의 표류 노정을 단계별로 정리하면 아래와
같다.

1단계 : 출항과 1차 표류, 우이도 출항, 태사도 인근 표
　　　 류, 유구 대도에 도착
2단계 : 유구 표착, 양관촌 거주, 우검촌을 거쳐 나하那覇
　　　 로 이동, 중국 출항
3단계 : 2차 표류, 여송 살루마기 도착, 일로미 거주, 상
　　　 선을 타고 오문 출발
4단계 : 오문 도착, 중국 북경 이동, 북경에서 조선으로
　　　 귀국, 우이도에 도착

세부 지역별 표류 기간을 살펴보면 유구에서 9개월, 여
송에서 10개월, 오문澳門과 중국(청) 지역에서 13개월을 체
류하였음을 알 수 있다. 물론 이 모든 기간을 '표류漂流' 상

황이라고 할 수는 없다. '표류'란 말 그대로 어디로 가는지 모르는 무방비 상태로 바람에 떠밀려 가는 상황이다. 이 기간 중에는 표류하는 상황 외에도 문순득 자신의 의지에 의한 항해, 외국 관원에 의한 송환을 위한 호송 등의 상황이 복잡하게 얽혀 있다. 특히 그 중 해상에서의 이동 과정은 표해漂海와 항해航海라는 두 가지 성격으로 구분해 볼 수 있다.

우이도에서 출항하여 풍랑을 만난 후에노 첫 표착지인 에 까지 바람에 의해 쭉 밀려서 내려간 것은 아니었다. 그사이에도 표해와 항해의 과정이 혼재되어 있다. 송환과 귀국하는 과정의 항해에서는 문순득은 유구의 배와 여송에서 광동으로 가는 상선을 각각 경험하였다. 문순득은 중국 대륙을 횡단하면서도 배를 많이 이용했다. 육로에서의 이동 역시도 수레를 이용한 것과 배를 이용한 것이 구분되어 있다. 배를 타고 이동한 지역에 대해서는 반드시 배를 타고 이동했다는 내용을 언급하고 있다.

문순득의 표류는 한마디로 조선과 유구, 여송, 중국 해안가인 광동과 중국 본토를 잇는 대항해의 노정이었다. 출발부터 도착까지의 주요 노정을 지도위에 표시하면 〈그림 9〉와 같다.

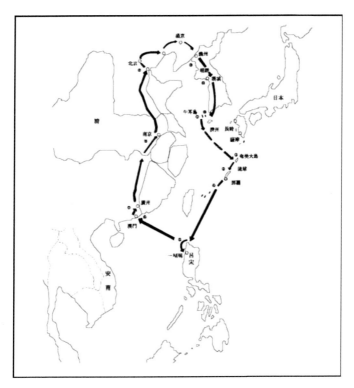

〈그림 9〉 문순득의 표류기간 이동경로

　이렇게 길고 복잡한 노정을 겪게 된 것은 당시 동아시
아의 국제관계와 바닷길이 중요한 배경이 되었다. 문순득
의 이동 과정에는 자의와 타의가 혼재되어 있다. 자의적
부분은 생존을 위해 스스로 항해하며 이동하는 경우이다.

타의적 부분은 국제 관계에 의해 표류인이 본국으로 송환되는 과정에서 발생하는 부분이다.

예를 들면 유구 오시마大島에서 유구 나하那覇로 이동하는 과정은 당시 국제관계나 항로에 따른 것이었다. 오시마大島에서 곧바로 중국으로 출항할 수 없었고, 반드시 유구의 수도인 나하那覇로 이동한 후 중국으로 출항할 수 있었다. 오시마에서 더 가까운 일본을 통해 조선으로 귀국하지 않고, 중국으로 보내진 것은 당시 유구와 일본의 표류인 송환 체제와 관련된 문제였다. 문순득보다 이전 시기 표류자인 '김비의'의 경우는 유구에서 가장 서남단에 해당하는 요나구니지마与那國島로 표류했다가 유구 본도를 거쳐 일본을 통해 부산으로 귀국한 사례가 있었다. 문순득 일행이 그러한 경로를 택하지 못한 것은 당시의 송환 체제(청과 일본의 국제관계)가 반드시 중국을 거쳐야 했기 때문이다. 유구는 일본의 속국이 되었으나 청나라의 제후국인 유구가 일본 막부에 병합된 당시 상황을 위장하기 위한 목적이 있었다. 따라서 이 시기에 옛 유구 지역으로 표류해 온 사람은 청나라로 보내서 송환하는 방식이 취해졌다.

송환 체제 외에 문순득의 이러한 이동 경로에 가장 큰 영향을 준 것은 동아시아의 바닷길이다. 동아시아의 바닷길은 한반도의 서남해안 지역과 일본 열도, 중국, 동남아를 서로 연결해 주고 있다. 바닷길에 가장 중요한 요소는 바람과 해류이다. 몬순monsoon이라 칭하는 계절풍과 쿠로시오黑潮 해류의 변화에 따라 동아시아의 바닷길은 형성되었다. 동절기인 10월에서 2월에는 몬순의 겨울 계절풍이 한반도 위쪽에서부터 유구 쪽을 향해 남향하고, 반대로 하절기인 3월부터 6월에는 반대로 동남아 쪽에서 유구쪽으로 계절풍이 불어온다.

이 바람은 한반도까지 연결되고 문화적으로 영향을 미쳐 왔다. 늦봄부터 초여름까지 남풍 계열의 계절풍이 북상하면서 자연스럽게 동남아문화나 중국의 남방문화가 한반도 남부에 상륙하게 된다. 또 쿠로시오 해류는 그 일부가 한국의 서해연안을 타고 올라가 황해 북부를 거쳐 남하하다가 상하이만 부근을 돌아 한반도 쪽으로 물길이 바뀐다.[37] 이처럼 바람과 해류를 통해서 고대부터 동남아시아와 한·중·일의 문화 교류는 이루어지고 있었음을 알 수 있다.

그중에서 유구는 이러한 바람과 해류의 특성을 잘 활용

---

37) 김재은, 「쿠로시오 해류의 문화」 토론문, 『글로벌 시대의 도서·해양문화』, 목포대 도서문화연구소, 2008, 38쪽; Takakazu YUMOTO, 「Kuroshio Culture」, 『글로벌 시대의 도서·해양문화』, 목포대 도서문화연구소, 2008, 33~35쪽 참조.

하여 오시마大島의 북쪽과 인도네시아 남쪽까지 교역권을 형성하고 있었다. 이를 확대해 보면 동아시아 해역에서 바람과 해류를 이용한 교역권의 형성을 이해할 수 있게 된다.

이러한 바람과 해류에 의해 형성된 교역권의 거점에는 항구도시가 존재한다. 일반적으로 항구도시는 바다와 육지 네트워크의 접점 및 사이에 위치하였는데, 여기서는 사람과 물건, 그리고 정보가 모이는 '만남의 기능'을 수행하였다. 항구도시는 육지의 도시와는 다른 역사, 문화의 공간, 즉 '해양세계'에 속한다고 볼 수 있다.[38]

문순득이 표류하면서 체류했던 지역들이 지닌 특징 중 하나는 대부분 국제무역항으로서 번성했던 항구도시라는 점이다. 그 항구들을 연결하면 일종의 동아시아 해양 네트워크가 된다. 해양 네트워크[39]란 항구도시와 항구도시 사이에 생성되는 교역관계를 의미한다. 문순득 이동했던 동선動線을 연결해 보면 동아시아 바다를 끼고 원형의 형태를 이루고 있는 것이 특징이다. 이는 영역의 차이는 있지만 동아시아 국가들 사이에 존재하는 하나의 해양 네트워

---

38) 홍석준, 「동아시아의 해양세계와 항구도시의 역사와 문화」, 『도서문화』 29호, 목포대 도서문화연구소, 2007, 410쪽.
39) 홍석준, 앞의 논문, 414쪽.

크라고 평할 수 있다. 당시 국제사회 송환체제의 영향도 있겠지만, 문순득의 이동 경로는 오래전부터 바닷길로 연결되어 있던 동아시아 해양 네트워크와 중첩되어 나타나고 있다.

때문에, 문순득의 표류노정은 바닷길과 항구로 연결된 동아시아의 해양 네트워크를 순회한 것이라고 해도 과언이 아니다. 당시 이러한 해양네트워크는 중국을 중심으로 한 해금체제의 영향 하에 정치사회적인 외형으로 볼 때는 금지되어 있었지만, 바닷길은 끊임없이 연결되어 있었다.

6. 문순득이 표류한 지역별 문화상

문순득이 표류한 지역은 크게 보면 '유구, 여송, 오문, 중국' 4개 지역으로 구분된다. 국가적 개념으로 보면 일본의 속국인 유구국, 스페인의 식민지가 된 여송(필리핀), 오문澳門(마카오)에 거류지를 개발한 포르투갈, 한족인 명明을 이어 중국대륙을 지배하고 있는 만주족 청淸으로 구분된다. 표류했던 지역에 대한 당시 시대적 상황을 먼저 살펴봐야만 문순득의 표류 노정과 견문에 대한 올바른 이해가 가능하다.

문순득이 처음 표착한 곳은 유구琉球였다. 유구 지역은 일본열도의 최남단에 해당하며, 섬들이 활 모양으로 길게 늘어서 있다. 일본 규슈의 남서해안에서 대만臺灣에 이르는 구간에 유구열도琉球列島가 있다. 유구열도는 오스미大隅제도 · 토카라吐噶喇열도를 포함하는 북부권, 아마미奄美제도 · 오키나와沖繩제도를 포함하는 중부권, 미야꼬宮古제도 · 야에야마八重山제도를 포함하는 사키시마先島제도의 남부권으로 이루어졌다. 일본에서는 이 일대를 흔히 오키나와 제도 諸島라고 부른다. 유구琉球의 옛 영토는 현재 일본의 행정 구역상 오키나와현沖繩縣과 가고시마현鹿児島縣에 속해 있다.[40]

유구琉球는 14세기 후반부터 동아시아 역사에 등장하여, 15~16세기에 중계무역으로 전성기를 누렸던 해상왕국이었다. 이후 주변 국제 정세의 변화에 많은 영향을 받았으며, 16세기 후반 명나라가 무역활동을 재개하고 스페인 · 포르투갈 등 서양세력이 진출하면서 유구琉球의 중계무역을 통한 해상활동이 위축되기 시작한다. 1609년에는 일본 사츠마번薩摩藩의 침공을 받아 반속화半屬化되었다. 사츠마번은 유구 왕국을 완전하게 해체하지는 않고, 중국과의 책봉이

---

40) 국립제주박물관, 『탐라와 유구왕국』, 2007, 9쪽 참조.

나 교역 관계를 인정하였다. 외견상 독립권을 지니면서 정치의 내실은 사츠마번薩摩藩의 통제를 받았다. 유구琉球에서 연공미年貢米와 포목 등의 여러 잡화를 사츠마번薩摩藩에 진상하는 것을 의무화하고, 아마미제도奄美諸島의 다섯 개 섬을 할양하게 했다.[41]

이후 일본과 유구의 관계는 1815년 일본에 표류하여 쓰시마對馬島에 도착했던 이종덕李種德의 기록을 통해서도 확인할 수 있다. 아래 기록은 1609년 이후 유구琉球와 사츠마번薩摩藩 사이의 관계를 단적으로 보여주고 있다.

　　사츠마국薩摩國, 즉 사츠마시마薩摩島가 유구국琉球國을 정벌하다가 그의 장수가 패사敗死하자, 다시 크게 군사를 일으켜 토벌하여 유구국왕琉球國王이 항복해 옴으로써 이내 유구국을 살마국에 예속시켰는데, 이때부터 유구국에 왕래往來하는 문서文書에는, "사츠마국내유구국薩摩國內琉球國"이라 일컫는다.[42]

---

41) 外間守善 저, 심우성 옮김, 『오키나와의 역사와 문화』, 동문선, 2008, 92~93쪽.
42) 이종덕의 표해기록과 관련된 일부 내용이 '『五洲衍文長箋散稿』 경사편 5 논사류 1 한국 편에 「對馬島와 通信使에 대한 변증설」'이라는 제목으로 수록되어 있다(한국고전종합DB[http://db.itkc.or.kr] 참조).

시대적으로 볼 때 유구琉球는 독립왕국으로서 면모는 상실한 시점이었고, 표류인을 처리하는 방식에서도 주변 국제관계의 영향에 따라 특수한 양상으로 전개되고 있었다. 문순득 일행이 표류 끝에 처음 도착한 곳은 오시마大島였다. 이곳은 문화적으로는 유구국의 전통이 강한 곳이지만, 정치적으로는 사츠마번薩摩藩 직속령이 되어 있는 특수 지역이었다. 오늘날 행정구역상 가고시마현鹿児島縣에 속한다.

문순득이 두 번째 표착했던 지역은 여송呂宋이다. 여송은 국가적으로 현재 필리핀을 의미하며, 지역적으로는 필리핀 북부 루손Luzon섬 일대를 지칭한다. 필리핀 제도諸島 가운데 가장 큰 섬으로 현재 필리핀 국토 면적의 1/3 이상을 차지하며, 전체 인구의 절반 정도가 살고 있는 섬이다.

1521년에 포르투갈인 마젤란이 스페인의 지원을 받아 항해하는 도중 필리핀에 상륙하면서 유럽 사회에 알려지게 되었고, 이후 스페인의 식민통치가 시작되었다. 스페인은 필리핀[43]을 동남아시아 유일의 천주교 국가로 만들었고,

---

43) 필리핀은 옛날부터 여러 이름이 사용되었는데, 스페인이 필리핀을 지배할 때까지 실제적인 국명이 없었다고 한다. 외부적으로 국명이 알려진 것은 1543년 스페인 탐험가 Villalobos에 의하여 Felipinas로 불리기 시작했다.(조병욱, 『역사와 문화를 알면 필리핀이 보인다』, 해피&북스, 2008, 17쪽 '필리핀의 이름' 참조).

수도사修道士의 천국이라는 별칭을 얻게 되었다.

조선과 여송은 특별한 교류 관계가 없어서 상호인식이 매우 부족했다. 반면 여송과 중국은 일정 정도의 교류 관계를 맺고 있었다. 중국 남해안의 광동 지역과 여송 지역을 오가는 상선을 통한 무역활동이 이루어지고 있는 상황이었다. 이러한 상황은 1761년(건륭 26)에 그려진 「만국래조도萬國來朝圖」[44]의 모습에서도 나타난다. 이 그림은 주변의 국가들이 청나라에 사신을 보내 조공 및 인사를 위해 모인 것을 묘사한 것이다. 여러 사신들이 자신의 나라 이름이 적힌 깃발을 들고 있는 모습이 담겨 있다. 그중에 '여송국呂宋國' 깃발도 그려져 있다. 이 그림에는 서양인들도 곳곳에 그려져 있는데, 동남아시아에 진출한 서양 국가가 그 지역의 나라 이름으로 중국과 일정 정도의 관계를 유지하고 있었던 상황을 보여준다.

문순득이 여송呂宋 다음으로 이동하여 체류하게 된 지역은 중국 광동의 오문澳門(마카오)이었다. 오문澳門은 중국대륙의 남해南海 연안에 해당하며, 광동성廣東省의 항구도시인

---

44) 『沖繩縣立博物館·美術館開館一周年記念博物館特別展－中國·北京古宮博物院秘藏 '甦る琉球王國の輝き'』, 2008, 64~65쪽. 원본은 북경고궁박물관에 소장되어 있다.

광주廣州에서 시작되는 주강珠江 어귀에 있다. 홍콩과 마주하고 있으며, 홍콩보다 먼저 국제항으로서 전성기를 누렸다. 바다로 연결된 주강을 이용하여 16세기 이후 포르투갈 사람들이 이곳에 진출하였다. 1553년 중국과의 교역이 정식으로 이루어진 후, 오문澳門은 포르투갈이 중국·일본과 무역하는 데 있어 중요한 화물집산지가 되었다.[45] 포르투갈에 의해 오문이 개발되면서, 종교적인 면에서 이곳은 천주교의 동아시아 전파 중심지가 되었다.

포르투갈에서는 오문澳門에 이사관理事官 위려다委黎多를 설치하고 관리했다. 위려다委黎多는 procurador의 음역音訳으로 보이는데, 왕의 대리인이라는 의미로 생각된다. 혹은 검찰장檢察長을 칭하기도 한다. 1583년 오문澳門에 포르투갈 자치기구로 의사회議事會(Senado)가 성립되었을 당시 처음 설치되었다. 위려다委黎多는 오문에서 행정行政·해방海防·무역貿易 등의 업무를 관리하며, 오문의 서양인과 중국인 간의 관계를 조정하는 기능을 하고 있었다.[46]

---

45) 마카오는 1987년 포르투갈과 합의에 따라 1999년 12월 20일 중국의 주권 회복과 동시에 현재는 특별행정지구로 지정되어 있다.
46) 劉芳, 「一部關於淸代澳門的珍貴歷史記錄－葡萄牙東波塔檔案館藏淸代澳門中文檔案逑要」, 『葡萄牙東波塔檔案館藏－淸代澳門中文檔案彙編』 下, 澳門基金會, 1999, 866쪽.

청조에서는 1739년에 오문澳門에 향산현승香山縣丞을 설치하고, 1743년에는 해방동지海防同知를 옮겨 관리를 강화해 나갔다. 청조의 오문 관리 상황을 좀 더 세부적으로 살펴보면, 1717년에는 베트남을 제외하고, 중국 선박에 의한 남양 무역이 금지된 상황이었다. 그러나 오문은 특수지역으로 금지제도의 밖에 있었다. 1725년 오문 소속 무역선의 수를 25척으로 한정하고, 화물 세금 면제 혜택을 주었다. 1732년에 이르러 청조 정부에서는 오문에 세관을 설치하고, 출입하는 선박을 관리하였다.[47]

오문澳門이 포르투갈의 거류지였지만, 통상관계로 인해 청조 관청과 포르투갈 관청이 공존하고 있는 상황이었다. 문순득이 표류했을 당시 그 처리문제에 대한 공문서가 포르투갈의 오문澳門 위려다委黎多와 청조 향산현승香山縣丞 등 관원 사이에 오가고 있었다.[48]

이상과 같이 문순득이 표류하면서 체류했던 지역들은 19세기 초 동아시아의 국제사회 양상이 다양하게 나타나

47) 劉序楓, 「漂海錄の世界—1802年に琉球·呂宋に漂着した朝鮮人の歸國事例を中心に」, 『8—17世紀の東アジア地域における人·物·情報の交流—海域と港市の形成, 民族·地域間の相互認識を中心に』上, 東京大學大學院人文社會系研究科, 2004, 80쪽 참조.
48) 『葡萄牙東波塔檔案館藏 淸代澳門中文檔案彙編』下, 1248번·1249번·1250번·1251번 문서 내용 참조.

고 있는 곳이었다. 또한 주요 체류지역들이 당시 국제무역항으로서 번성했던 지역이라는 점과 서구문화가 진출되어 있는 지역이 포함되어 있다는 점 등이 가장 큰 특징이다.

2

찾아가기

문순득의 「표해시말」을 따라서

7. 홍어를 구하러 우이도에서 출항

이제부터는 문순득이 표류했던 노정을 따라가며, 표류 과정에서 일어났던 일과 견문 내용에 대해 살펴보겠다. 「표해시말」에 수록된 이동 경로를 토대로 실제 문순득이 표류 기간에 머물렀던 장소와 이동 경로를 단계별로 구분하여 따라가 보겠다. 「표해시말」을 비롯한 관련 표류기록에 남아 있는 단서들과 문순득이 표류한 주요 지역에 대한 현지 답사를 통해 확인 가능한 정황들을 토대로 분석한 내용이다. 이동 경로는 '출항과 유구 표착 단계', '유구에서 여송 단계', '여송에서 오문 단계', '중국 노정과 귀국 단계'로 크게 네 가지로 구분하였다.

문순득의 표류노정을 4단계로 구분해 볼 때 제1단계는 우이도에서 출항하여 유구에 표착하기까지 과정이다. 문순득 일행은 음력으로 1801년 12월 겨울에 우이도를 나섰다. 「표해시말」의 첫머리에는 출항하게 된 계기와 탑승 인원이 간략하게 기록되어 있다.

신유辛酉 십이월十二月 우이도牛耳島[일명 소흑산도小黑山島]에서 작은 배[백여 섬을 실을 수 있다.]에 짐을 싣고 태사도苔士島[대흑산도大黑山島 남쪽 수 백리에 있다.]에 들어갔다. 같이 배에 탄 사람은 나의 작은 아버지[이름 호겸好謙], 문순득文淳得, 이백근李白根, 박무청朴無晴, 이중원李中原, 김옥문金玉紋[관동丱童]으로 홍어[속칭 무럼]를 사기 위해서이다.

출항한 시기는 1801년 겨울이다. 출항시기에 대해서는 「표해시말」에는 '신유辛酉 십이월十二月'이라고만 기록되어 있다. 유구琉球국의 자료인 『역대보안歷代寶案』에는 구체적으로 "12월 15일"이라고 명기되어 있다.[49] 자료에 따라 출항 부분에 대한 내용이 조금씩 다르게 나타난다.

일반적으로 겨울철에는 바람이 강해서 선박 운항의 위

49) 『歷代寶案』第八册, 景仁文化社, 1990, 4660쪽.

험성이 크다. 그럼에도 문순득 일행이 항해를 감행하는 것은 겨울철 운항의 이익이 다른 계절에 비해 높았기 때문이다.[50] 이는 어종의 성수기와도 관련이 있다. 문순득 일행은 우이도를 출항하여 흑산도 인근 태도에 도착하였다. 바닷길이 험하기로 유명한 겨울철에 우이도를 나서 출항하게 된 이유는 홍어를 구하기 위해서였다. 이 시기는 홍어가 주로 잡히는 어기漁期이다. 정약전의 『자산어보玆山魚譜』에는 "동지冬至 후부터 어기漁期가 시작되고, 입춘立春을 전후하여 맛이 가장 좋다"고 기록 되어있다.[51]

즉, 문순득은 홍어가 주로 잡히는 대흑산도 인근으로 배를 타고 나섰다가 돌아오는 길에 예기치 못한 바람을 만나 표류를 하게 된 것이다. 「표해시말」의 내용을 토대로 문순득 일행의 출항 시기와 표류 배경을 정리하면 다음과 같다.

출항시기 : 1801년 12월
표류시기 : 1802년 1월 18일
출 발 지 : 우이도

---

50) 고동환, 앞의 논문, 328쪽 참조.
51) 정석조 역, 『詳解 玆山魚譜』, 신안군, 1998, 69쪽 참조.

경 유 지 : 태사도(현재 대흑산도 인근 삼태도 부근)

표 류 지 : 변도(대흑산도 인근)

탑승인원 : 6명

탑승자명 : 문호겸文好謙, 문순득文淳得, 이백근李白根, 박무
청朴無晴, 이중원李中原, 김옥문金玉紋

출항목적 : 홍어 구매

　문순득 일행의 배에는 총 6인의 인원이 승선했다. 배의
규모는 그리 크지 않았다. 조선후기 상선의 항행 조건을
연구한 고동환은 "지방포구를 무대로 운항한 선박일 경우
중형 선박은 10명 내외, 소형은 5명 이하가 탑승하는 것이
일반적이었다"고 분석하였다.[52] 문순득 일행의 선박도 이
런 양상을 크게 벗어나지는 않았을 것이다.

　탑승자의 나이로 보면 이 출항을 이끈 사람은 '문호겸'이
어야 맞을 것 같다. 문순득의 작은 아버지이기 때문이다.
다만 긴 표류 노정 속에서 문순득의 총명함이 남달라서 어
린 나이임에도 불구하고, 대표로 문정問情에 참여하는 기회
가 많아졌을 것으로 추정된다. 탑승자인 6인의 명단 중 문
호겸文好謙과 문순득文淳得은 이 상선의 물주物主와 선주船主

---

52) 고동환, 앞의 논문, 314쪽 참조.

격에 해당되고, 나머지는 사공이나 교역을 돕는 사람이었을 것이다. 그중 김옥문金玉紋은 허드렛일을 돕는 나이가 어린 사람이었다. 「표해시말」의 원문에 '관동舭童'으로 소개하고 있다.

출항 당시의 상황에 대해서는 문순득이 표류 과정 중 오문澳門에 도착했을 때 작성된 기록에 더 상세하게 소개되어 있어 주목된다. 현지 포르투갈 관원이 조사하여 청조 관원에게 보낸 공문에 다음과 같은 내용이 수록되어 있다.

1801년(가경 6) 3월 집을 나서서 배를 띄웠다. 10월 5일 나주목 도시촌都時村 지방에서 백미 일백여 석을 사서 배에 꾸려 싣고 우이촌으로 돌아가려 하는데, 바람이 사나워져 11월 4일에 이르러서야 배를 띄웠다. 7년 정월 18일 태고도太苦島(=태사도) 지방에 이르렀을 때 세찬 바람을 맞게 되었다.[53]

이 기록에는 「표해시말」에 생략되어있는 표류 전 단계의 상황이 포함되어 있다. 3월에 집을 나섰고, 10월 5일 나주목 도시촌都時村 지방에서 백미 일백여 석을 사서 우이

---

53) 『葡萄牙東波塔檔案館藏－淸代澳門中文檔案彙編』 下, 638쪽.

촌으로 돌아가려 한 부분이 특이한 점이다. 도시촌은 현 영암군 도포면都浦面 도포리都浦里를 칭하는 것이다. 도포리는 과거에 나주목에 속했으며, "도싯개·도삿개·도시포·도포" 등으로 불렸던 곳이다. 도포都浦는 영산강 지류가 마을 앞쪽에 흐르고 있어, 일찍부터 시장이 발달되어 있었다. 마을 주변에는 넓은 평야가 있어 곡물생산이 풍부했고, 이곳에는 시장이 형성되어 바다에서 잡은 어패류와 들에서 생산되는 곡물들의 교역이 활발했다. 지금은 영산강 하구둑으로 인해 포구로서의 기능은 사라졌지만, 그전에는 전국 각지에서 고기가 입항하는 큰 포구였다.[54]

이 기록을 통해서 보면 문순득이 단순히 홍어를 구입하기 위해 출항했던 것이 아니라 1년 내내 바다를 통해 상업 활동을 하던 상황임을 유추해 볼 수 있다. 육지 쪽에서 쌀 등을 구입한 후 그것을 우이도보다 더 먼 바다에 위치한 섬 지역 주민들에게 공급하는 역할을 한 것이다. 물고기를 육지에 내다 팔고, 그 수익으로 원해 도서 주민들에게 필요한 쌀 등의 생활필수품을 공급하는 방식으로 상업 활동

---

54) 영암문화원, 『靈岩의 땅이름』, 2006, 356쪽; 박현규, 「1741년 중국 臨海에 표류한 禮義의 나라 조선인 관찰기」, 『동북화문화연구』 제18집, 동북아시아문화학회, 2009, 217쪽 참조; 한글학회, 『한국지명총람』 전남편, 1983, 213쪽 영암군 도포면 참조.

을 하였다.

8. 태사도에서 풍랑을 만나다

문순득 일행의 배는 태사도에서 고향인 우이도로 다시
회항回航하는 과정에서 예기치 못한 바람을 만나 표류하기
시작하였다. 「표해시말」에는 표류 경로에 대해 다음과 같
이 기록하고 있다.

> 임술壬戌 정월 18일 / 닻줄을 풀고 다시 소흑산小黑山을
> 향하여 변도弁島[대흑산大黑山과 태사苔士의 중간
> 에 있는데 속칭 곡갈이라 부른다.]에 이르러 갑자
> 기 서북에서 일어난 큰 바람을 만나서 바람에 몰
> 리게 되어 소흑산小黑山에서 서남으로 수 백리를
> 남행하여 조도鳥島[섬은 진도의 서쪽에 있는데 속
> 칭 새암이라 한다.]를 바라보고 가까이 가려하나
> 갈 수가 없다. 앞을 보니 큰 바다로 안중에는 한
> 점의 산도 볼 수 없다. 또 저녁이 되어 밤이 깊었
> 으나 바람은 줄지 않고 오경五更에 키 자루가 꺾
> 이고 돛은 펼 수가 없어 돛대를 고물에 묶어 키

로 쓰고 가는 데로 내맡겼다. 날이 밝아 동남쪽에 큰 산이 바라보이니 뱃사람이 제주라고 말했는데 바라볼 수는 있으나 가까이 할 수는 없었다.

24일 / 동풍을 만나 돛을 펴고 제주로 향하였다.

25일 / 제주의 서쪽에 이르러 다시 서북풍을 만나 동남으로 향해 갔다.

29일 / 날이 밝아 동남에 있는 큰 섬을 보고 오시午時에 배를 멈추고 닻을 내리니 갑자기 6, 7인이 배를 타고 오는 것이 보였다. 먼저 물을 대접하고 이어서 죽을 주어 삼일을 먹지 못했으니 그 기쁨을 알만하리라. 물으니 유구국琉球國 오시마 대도大島[유구琉球는 지금 중산中山으로 바뀌었다]라 하였다.

먼저 「표해시말」에 나와 있는 내용을 토대로 문순득이 처음 표류해서 유구琉球에 도착하기의 과정을 살펴보자. '소흑산'은 문순득의 고향인 '우이도'를 말한다. 바람을 만나 표류하게 된 '변도弁島(속칭 곡갈)'는 현재 대흑산도와 삼태도(기록상 태사도) 사이에 자리하고 있는 암초를 칭하는 것이다. 신안군 전도全圖에는 이곳을 '꽃관리'라고 표기하고 있다. '곡갈'과 '꽃관리'는 발음상 약간의 차이가 있을 뿐이며, 섬의 모양이 고깔처럼 생겼다는 의미로 판단된다.

문순득 일행은 이곳에서 강한 서북풍을 만나 동남쪽으로 표류하게 된다. 기록에는 조도鳥島를 바라보고도 접근하지 못한 것으로 나와 있다. 항해 전문가들의 자문을 받아본 결과 이는 체험자의 오인誤認에서 생겼거나 잘못된 기록일 가능성이 있다.

조도는 현재 진도군 조도면에 속하며, 단일 면으로는 대한민국에서 가장 많은 섬이 밀집해 있는 곳이다. 기록처럼 만약 진도의 서쪽에 있는 조도(속칭 새암)라면, 그 주위는 연안도서 지역으로 둘러싸인 곳이나. 그렇다면 아무리 표류를 당한 상황이었다고 하더라도 제주까지 떠밀려 가지는 않았을 것이다. 혼란스러운 상황에서 조도가 아닌 다른 섬을 보고 착각했을 가능성이 있다.

해로를 놓고 볼 때 「표해시말」에 조도라고 기록한 섬은 현 신안군 흑산면 만재도 인근의 '국도'라는 섬이었을 가능성이 있다. 곡갈 근처에서 남쪽으로 바람에 밀려 내려오면 만재도 지역을 거치게 된다. 이곳에서 바람이 여전히 심하여 키자루가 꺾이자, 돛을 펴지 못한 채 돛대를 임시키로 만들어 표류하게 된다. 낮이 되어서야 동남쪽 방향으로 제주도 일 것 같은 섬을 발견하지만, 접근하지 못하였다. 24일이 되어서야 40여 마일mile을 이동하여 제주의 서쪽 해상에 이르게 되고, 다시 서북풍을 만나 동남쪽으로 이동하게 된다. 우이도에서 제주까지의 거리는 약 123마일(197 km)이다.

문순득 일행은 제주 서쪽 해상까지 내려왔으나, 당시 상황으로는 제주도로 접근하는 것이 불가능했다. 바람도 강했을 뿐만 아니라 키자루가 꺾인 상태여서 방향을 조정하는 것은 더욱 어려웠을 것이다. 결국은 더 남단까지 내려가서 유구琉球 지역에 도달하게 된다.

문순득 일행의 배는 총 11일간 떠내려간 후 유구에 도착하였다. 그런데 기록에 나타난 이동 과정을 분석해 보면 표류 경로와 일정에서 특이한 현상을 발견된다. 대흑산도 인근에서 제주 서쪽까지 도착하는데 총 7일이 걸렸고, 이후 4일 만에 유구琉球 지역에 도착하였다. 아무리 표류라고 해도 처음에 7일은 실제 거리보다 너무 오래 걸렸고, 나중에 5일은 표류 상황이라고 하기에는 너무 빠르기 때문이다. 대흑산도 인근에서 제주까지는 130mile(209km)인데 7일이 걸렸고, 제주도 인근에서 유구 오시마까지는 405mile(651km)인데 4일이 걸렸다. 대흑산도에서 제주도까지의 실제 거리가 더 짧지만, 오히려 시간은 더 오래 걸렸다.

이는 표류 상황에서 미묘한 차이가 존재함을 상징한다. 처음에 대흑산도 인근에서 제주까지는 큰바람을 만나서 일

방적으로 떠밀려 간 것이 아니라, 어떻게 해서든 섬이나 육지에 정박을 시도하는 과정이었다. 어딘가로 정박하기 위해 악천후의 바다와 싸워가며 계속해서 '이리저리 왔다 갔다'하는 상황이었다. 25일 이후는 제주도 해역을 벗어나게 된다. 강한 바람으로 인해 제주도에 접안 하는 것이 불가능해진 이후의 상황이다. 제주도 인근에서 유구琉球까지는 뱃길로 400마일이 넘는 거리이다. 이를 4일 만에 주파했다는 것은 일반적인 표류 속도라고 볼 수 없다. 표류선의 평균 속도는 약 2노트[55] 수준으로 추정된다. 400마일을 4일 만에 가기 위해서는 적어도 5노트 정도의 속도로 항해해야 가능하다. 이는 정상적으로 항해하는 범선의 속도에 해당한다.

그렇다면 유구까지의 과정은 그 전과는 상황이 달라졌다는 이야기가 된다. 문순득 일행의 배가 의도적으로 돛을 펴고 항해해서 빠른 속도로 나아간 것으로 추정된다. 키도 부러졌고, 방향을 잃어버렸지만 살기 위해 정박할 수 있는 어딘가를 찾아서 의도적으로 항해한 것이다. 다만 그곳이 중국으로 가는지, 일본으로 가는지 당시에는 알지 못했을 뿐이다.

---

55) 노트는 1시간에 1해리(1,852m)를 가는 것을 말한다.

빠른 속도로 항해가 가능했던 이유는 제주까지 표류하는 과정에서 돛대가 파손되지 않았기 때문이다. 흑산도 근해에서 갖은 고난을 겪으며 7일간의 사투 끝에 제주까지 밀려온 후, 문순득 일행은 자포자기하는 심정으로 무작정 돛을 올리고 갈 수 있는 방향으로 항해하는 방법을 택했다.

문순득의 표류 노정 중 1단계 부분은 자신의 배를 타고 이동하는 경우라는 점에서 의미가 있다. 문순득이 탄 우이도의 상선이 그만큼 먼 바다까지 항해가 가능했다는 점을 시사하기도 한다. 이후 이동 과정에서는 그 나라에서 제공한 선박에 탑승하였으니, 문순득 일행의 배를 이용한 것은 아니었다. 원래 배는 유구에 도착했을 당시 파손되어 유구 측에서 수거하여 불태웠다.[56] 1단계는 표류 주인공의 시점에서 볼 때 가장 위험한 역경의 순간을 스스로 극복한 시기에 해당한다.

---

56) 『歷代寶案』 8책, 경인문화사, 1990, 4659~4660쪽 문서.

9. 11일 만에 옛 유구국의 섬 아마미오시마에 표착

1802년 1월 29일 문순득 일행이 11일 만에 겨우 도착한 곳은 유구琉球의 섬이었다. 유구에 처음 도착했을 때의 상황은 「표해시말」에 다음과 같이 묘사되어 있다.

> 29일 / 날이 밝아 동남에 있는 큰 섬을 보고 오시午時에 배를 넘추고 닻을 내리니 갑자기 6~7인이 배를 타고 오는 것이 보였다.
> 먼저 물을 대접하고 이어서 죽을 주었다.
> 삼 일을 먹지 못했으니 그 기쁨을 알만 하리라.
> 물으니 유구국琉球國 대도大島 [유구琉球는 지금 중산中山으로 바뀌다]라 하였다.

문순득이 처음 도착한 곳은 유구국琉球國 오시마大島였다. 이곳은 현 일본 오키나와 제도諸島 가운데 중부권에 해당하는 아마미제도奄美諸島에 속한 섬이다. 그중 오시마大島가 가장 큰 섬이다. 문순득이 도착했을 때의 지명과 현재 지명이 같은 곳이다.

문순득이 도착한 1802년에 유구의 오시마大島는 정치적으로 사츠마번薩摩藩의 직속령이 되어 있었다. 문순득이 오시마大島에 도착했을 때 유구국으로 인식하였지만, 엄밀히 따지면 사츠마번薩摩藩 관할지였다. 당시 문순득이 그러한 상황을 파악하기는 어려웠을 것이다. 현재의 오시마大島는 일본 규슈 남단에 위치하고 있는 가고시마현鹿児島縣에 속해 있다. 전통문화 측면에서는 지금까지도 유구琉球의 성향이 강하게 남아 있다. 문순득이 표착 했을 당시 현지인들은 자연스럽게 이곳이 유구의 땅이라고 대답했다.

기록 내용 중 "유구는 지금 중산으로 바뀌었다"는 표현은 유구국의 역사와 관련이 있다. 유구 열도가 한때 북부는 북산, 중부는 중산, 남부는 남산으로 구분되어 '삼산'이 서로 세력다툼을 벌였는데, 15세기 전기에 중산왕 상파지가 남산과 북산을 정복하여 유구열도 전체의 통일왕조를 세우게 된 것을 의미한다. 이 때문에 '중산왕'이라는 호칭이 '유구왕'을 상징하게 되었다.[57]

유구琉球는 거리상은 조선과 멀리 떨어져 있지만, 당대 조선인들은 유구에 대한 어느 정도의 기본 인식이 있었다. 문순득의 표류 시기와 근접한 1806년에 정동유鄭東愈(1744

---

57) 外間守善 저, 심우성 옮김, 『오키나와의 역사와 문화』, 동문선, 2008; 하우봉 외, 『朝鮮과 琉球』, 아르케, 2002.

~1808)가 지은 『주영편畫永編』에 실린 다음의 글은 당대 조선인들의 유구에 대한 인식을 간접적으로 표현하고 있다.

유구국은 우리나라에서 가장 가까운 곳에 있다. 어떤 이는 말하기를 "한라산에 올라서 청명淸明한 날이면 유구의 산 빛을 바라볼 수 있다"고 한다. 반드시 그렇게까지 가깝지는 않겠지만 대개 우리나라의 정남正南의 바다가 가운데 있어 다른 가로막는 것이 없는 땅이다.[58]

이런 기록을 토대로 보면, 뱃길 익숙한 문순득도 유구에 대해서는 사전에 어느 정도 정보를 지니고 있었을 가능성이 있다.

문순득 일행은 오시마大島에 도착하자마자 상륙을 시도하지는 않았다. 섬 쪽에서 6~7명의 사람들이 배를 타고 문순득 일행의 배로 접근했다. 문순득 일행은 3일 동안 아무것도 먹지 못한 상태였는데, 유구인들이 물과 죽을 제공해 주었다. 이후 비로소 본인들이 도착한 곳이 유구국이라는 사실을 알게 되었다.

---

58) 정동유 저, 남만성 역, 『畫永編』 上, 을유문화사, 1971, 88쪽.

〈그림 10〉 문순득이 표류 후 처음 도착한 아마미오시마 해안가의 현재 모습

　유구에 도착한 문순득 일행은 여러 지역을 이동했고, 관
련 지명이 구체적으로 가장 많이 남아 있다. 문순득 일행
은 처음 도착지에서 '양관촌羊寬村'이라는 곳으로 이동되었
다. 다음과 같이 기록되어 있다.

　2월 초2일 / 배로 50여 리를 가서 양관촌羊寬村[대도大島
　　이다]으로 가서 육지에 내리니 움막 한 채를 엮
　　어 살게 하고 문밖에 또 움막이 있어 8인이 지켰

다.

양관촌으로 이동한 이유에 대해서는 기록에 나와 있지 않지만, 이때부터 이동은 유구 관원의 표류인 관리 차원에서 이루어졌을 것이다. 이곳이 표류인들이 거주할 수 있는 여건을 갖추고 있던 장소였을 것으로 추정된다.

문순득 표류와 관련된 또 다른 참조 기록인『계산기정薊山紀程』에 의하면 "어느 한 항구에 닿으니 마침 어떤 사람이 물 건너편에서 영접을 하였는데 그 사람은 우리나라 말을 약간 알았다"라고 되어 있고, "관官에서 배를 검색하더니 곧 관청에 안접安接시키고 의식을 공급"하였다고 기록되어 있다.[59] 이 상황은 유구 측에서 조선말이 가능한 통사와 동행하여 문순득 이행이 표류인 임을 확인한 후 자신들의 관청이 있는 지역으로 이동시킨 것임을 알 수 있다.

이런 과정을 통해 문순득 일행은 양관촌으로 이동한 후 육지에 상륙하게 되었다. 유구琉球 노정 가운데 현지 고증이 가장 어려운 지명이 이곳 '양관촌'이다.

---

59)『薊山紀程』제3권, 관사에 머물다[留館] 갑자년(1804, 순조 4) 1월,「漂流舟子歌」(한국고전종합DB[http://db.itkc. or.kr] 수록내용 참조)

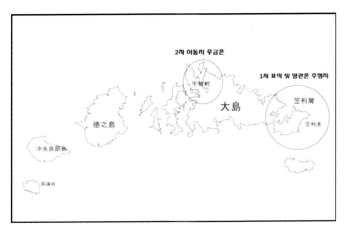

〈그림 11〉 유구국 대도(AmamiOsima) 문순득 표착과 체류지

〈그림 11〉[60]과 같이 오시마大島의 지도를 놓고 볼 때, 전통적으로 항구가 발달한 지역은 본섬의 동부 쪽 입리만 笠利灣 일대(지도 우측)과 서부 쪽 우검만宇檢灣 일대(지도 중앙)로 크게 구분된다. 이 중 우검 쪽은 문순득 일행이 나중에 유구의 수도인 나하那覇로 이동하기 위해 양관촌에 서 이동해 간 곳이다.

양관촌의 위치를 비정하기 위해서 오시마大島에서 전통

---

60) 이 지도는 1702년에 제작된 「琉球國 大島國 繪圖」(南部奄美文化推進 委員會 再版本)를 참조하여, 섬의 형태를 따서 작성한 것이다.

적으로 포구가 발달되어 있는 마을을 중심으로 살펴보았다. 그 가운데서 양관羊寬이라는 지명과 발음이 비슷한 곳을 찾고, 그곳이 표류인이 거주할 수 있는 공간으로서 적합한지, 그리고 표류인을 관리할 수 있는 제도적 시스템이 가능한 곳인가를 확인하는 작업을 시도했다.

〈그림 11〉의 오른쪽 원 지역에 해당하는 동부쪽의 입리만笠利灣 일대의 항구 중에 용用(よう)이라는 마을이 있는데, 양관촌의 양羊(よう)과 발음이 가장 흡사한 지역이었다. 그 주변에는 입리항笠利港이 존재한다. 현지를 답사해 보니 문순득과 같은 표류인이 머물 수 있는 여러 조건들을 갖추고 있었다. 입리항笠利港 주변은 그 문화적 전통에서 표류인과 매우 밀접한 곳이었다. 입리만笠利灣은 먼 바다로부터 배가 진입하기 좋게 해안선이 만입灣入되어 있어, 항구로 발달하기 좋은 조건을 지니고 있다. 각종 기록에 이곳에 표류인이 도착했다거나 큰 배가 파손되어 흘러왔다는 등의 내용이 언급되고 있다.[61] 국내 자료 가운데 문순득보다 조금 후대인 1825년에 표류한 황승건 외 5인의 경우는

---

61) 막부 말기 오시마大島 지역 민속지인 『남도잡화南島雜話』(1권, 平凡社, 2006, 168쪽과 171쪽)에 중국배가 이 지역에 표착했다는 내용이 기록되어 있고, 대도지도인 「琉球國 大島國 繪圖(1702)」(南部奄美文化推進委員會 再版本)에도 해당 지역에 그러한 내용이 표기되어 있다.

유구에서 표착지가 '대도입리군大島笠利郡'인 것으로 구체적으로 남아있는 사례도 있다.[62]

다음 조건으로 '요우用'라는 마을 주변에 관리들이 파견될 수 있는 장소가 있었는지를 살폈다. 현지 답사 중에 요우用마을 바닷가 우측 끝 쪽(笠利 마을)에서 옛 관청인 봉행소奉行所 터를 확인하였다. 봉행소는 마을의 행정·사법을 담당하는 관청이다. 요우用마을과 가사리笠利 마을은 동일한 해안선에 자리하고 있는 마을로 그곳에 가사리항笠利港이 있다

이곳은 오시마大島를 사츠마번薩摩藩이 처음 복속시켰을 때 그 지배를 위한 행정기구로서 22년 동안 거점 역할을 했던 관청이 설치되었던 곳이었다. 문순득이 체류했을 시기는 그보다 훨씬 더 후대이고, 상황은 달라져 있을 수 있다. 그러나 적어도 이 일대가 정치행정면에서도 역사성이 있는 지역임을 확인 할 수 있었다. 즉 이곳이 오시마大島에 표류해 온 사람들을 인근에 두고 관리할 수 있는 시스템적 기반이 존재했던 지역이라는 것을 알 수 있다.

이후 문순득 일행은 양관촌에서 48일 동안 머물다가 우

---

62) 국사편찬위원회, 『同文彙考』 4권, 1978; 손승철, 「조선시대 한일관계 사료의 소개」, 『한일관계사연구』 18, 한일관계사학회, 2003, 44쪽 조선인 유구 표착 일람표 참조.

금촌于禽村으로 이동되었다.

3월 20일 / 배를 타고 섬을 따라 백 여리를 가서 우금촌
于禽村[63] 앞에 닿았다.

'우금촌于禽村'은 현재 지명 '우검촌宇檢村'에 해당한다. 문
순득 일행이 이곳으로 이동한 이유는 유구琉球의 수도가
있는 나하那覇로 가기 위해서였다. 당시 유구에서는 나하那
覇에서만 국제적인 항해가 허용되어 있었고, 그곳에 유구
국왕이 있는 수리성首里城이 있었다. 오시마大島에서 나하那
覇로 가기 위해서는 우검항宇檢港을 경유해야 했다. 누구나
이 우검항에 들려서 채비를 갖춘 후에 바람을 기다려 출항
하는 것이 관례였다. 지도를 놓고 항로를 보면 쉽게 이해
할 수 있는 이동 경로이다.

29일 / 배로 덕지도德地島를 지나고, 다음날 양영부洋永府
를 지나, 입사도立沙島에 이르러 바람에 막혀 4일
을 머물렀다.

---

63) 2005년 신안문화원에서 발간한 국역본에는 '禽村'으로 해석되었다. 于
를 어조사로 본 것인데, 현지답사를 통해 '于禽村'을 하나의 지명으로
보아야 한다는 점을 확인하였다.

우검촌에서 약 9일 정도 체류한 후 다시 출항하였다. 덕지도德地島는 현재의 도쿠노시마德之島이다. 오시마大島에서 나하那覇로 항해 할 때 가장 먼저 지나가는 섬이다. 양영부洋永府는 현재의 오키노에라부시마沖永良部島를 칭한다. 과거에는 에라부시마永良部島로 불렸다. 발음이 기억나는 대로 구술하여 기록에 남기다 보니 글자의 순서가 조금 변한 것으로 보인다. 영永과 양良의 위치를 바꾸면 기록에 남겨진 양영부洋永府와 거의 흡사한 발음이 된다. 입사도立沙島는 현재 여론시마与論島일 것이다. 지명은 차이가 있지만, 오키노에라부시마沖永良部島의 아래쪽에 자리하고 있어, 항해 일정상 이곳을 거쳐 가게 되어 있다. 다만 지명이 전혀 다른 '입사도立沙島'로 기록된 이유는 입사도가 여론도의 별칭일 가망성이 있는 것으로 추정된다.[64]

오시마大島에서 오키나와沖繩로 가기 위해서는 이 섬들을 모두 경유해서 항해를 하는 것이 관례였다. 입사도에서 "바람에 막혀 4일을 머물렀다"는 것은 이곳에서부터는 큰 바다로 열려있기 때문에 항해하기 좋은 바람을 기다렸던

---

64) 多和田眞一郎은 여론도에는 '立長'이라는 지명(마을)이 있다는 제보를 들은 적이 있다고 밝혀 놓았는데, 작은 섬이다 보니 마을 이름과 섬 이름을 연관해서 기록한 것이지도 모른다.(多和田眞一郎, 앞의 책, 142쪽)

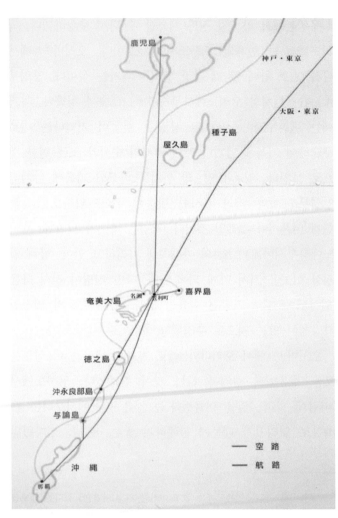

〈그림 12〉 현재의 오시마(大島)와 오키나와 주변 항로

상황이었을 것이다. 〈그림 12〉는 현 시기의 아마미오시마와 오키나와 주변의 항공로와 항해로를 나타낸 것이다. 굴곡을 그리는 선이 배가 다니는 경로이다.

오늘날에도 가고시마현에서 오키나와현까지 가는 이동경로는 문순득이 이동했던 경로와 거의 같다. 이를 보면 「표해시말」에 기록되어 있는 문순득 일행의 이동 경로를 쉽게 이해할 수 있다.

문순득 일행은 3월 20일 양관촌을 출발하여 오늘날의 우검촌, 덕지도, 충영양부도, 여론도 등을 거쳐서 현재 오키나와현 나하那覇에 도착할 수 있었다.

> 4월 초4일 / 백촌白村 [대도大島에서 1,500리, 왕도王都 수리부首里府와의 거리는 10리 이다.]에 이르니 역인訳人이 와서 사정을 묻는데 우리나라 말을 대략 할 줄 알았다. 움막 한 채를 엮어 거처하는데 사람마다 매일 쌀 한 되 다섯 홉과 채소 여러 그릇을 주고 하루걸러 돼지고기가 제공 되었다. 또 여름옷을 내려주고 병이 들면 의원이 와서 진찰하고 약을 주었다.

5일 동안의 항해를 거쳐 백촌白村에 도착했다. 백촌은

〈그림 13〉 19세기 수리나패항도首里那覇港圖

'박촌泊村'의 오기誤記이다. 도마리무라泊村는 현재 오카나와
현의 소재지인 나하那覇의 중심 항으로 지금도 활용되고
있는 곳이다. 이곳은 유구琉球의 수도인 수리성首里城과 근
접하여 국제항 역할을 하던 곳이다. 당시에 중국이나 조선
으로 가는 배를 탈 수 있는 유일한 장소였다. 문순득은 그
런 이유로 처음에 표착했던 오시마大島에서 이곳으로 옮겨
졌다.

〈그림 13〉[65]은 당시 유구국의 수도인 수리首里와 외항外

---

65) 19세기에 제작된 그림으로 작자는 미상이며, 원본은 일본 오키나와
현립박물관에 소장되어 있다. 수리성首里城 내부에 영인본이 전시되
어 있다. 인용한 그림은 박촌泊村 일대 부분이다.

港이었던 나하那覇 도마리무리항泊村港의 형세를 묘사한 것이다.

중앙에 박촌항이 있고, 우측으로 왕이 거처하는 수리성首里城의 모습이 보인다. 바다 쪽에는 유구의 대형선박과 유럽형 범선의 모습이 그려져 있다. 박촌항은 유구국이 중계무역으로 전성기를 맞았던 시절부터 중심항구였다. 문순득이 표류했을 당시에도 국제무역항으로서 면모를 유지하고 있었다. 그림 속에서 그런 모습을 엿볼 수 있다.

이곳에서 문순득 일행은 약 6개월을 더 체류한 후에 중국으로 가는 호송선에 태워지게 된다. 「표해시말」에 다음과 같이 기록되어 있다.

> 10월 초7일 / 배를 띄워 대국大國을 향하여 세척의 배가 동시에 출발[그 두 척에는 유구琉球에서 대국으로 가는 관원을 태우고, 그 하나는 우리나라 사람 6인과 복건福建 천진부川津府 동안현同安縣의 바람을 만나 조난한 32인, 유구인琉球人 60인을 태우다.]하여 마치산도馬齒山島[백촌白村에서 400리]에 이르러 10일을 머물렀다. 유구인琉球人이 이산에 와서 기도를 하며 오래 머물러서 나가지 못하였다.

기록에서의 '대국'은 중국을 의미하고, 당시에는 청조淸朝였다. 관원이 탑승하였고, 세척의 배를 동시에 출발했다는 의미는 문순득 일행이 중국으로 가는 진공선 편에 탑승한 것으로 해석된다. 당시 유구琉球에서는 조선 표류민을 중국을 통해 송환시키고 있었다. 이와 관련된 내용은 유구의 외교문서인 『역대보안』 등 외국 사료에 상세하게 기록되어 있다. 세척의 배 중 두 척은 청조에 보내지는 진공선이었고, 나머지 한 대는 표류인들을 태운 호송선이었다.

기록에 등장하는 '마치산도馬齒山島'는 현재의 지명을 확인하기 어려운 곳이다. "백촌白村에서 400리"라는 점과 "이 산에서 기도를 하며, 오래 머물러서" 같은 표현을 근거로 보면, 해로 상 먼바다에 위치한 미야코지마宮古島일 가능성이 있다. 섬과 섬을 거쳐 이동하다가 먼 바다로 나가는 관문인 곳에 머물면서 항해의 안전을 기원하고 항해에 알맞은 바람을 기다리는 것이 일반적인 항해 풍속이다. 그런 면에서 볼 때 나하那覇에서 출항하여 중국으로 항해하는 배들이 항해하기 좋은 때를 기다리는 장소로 미야코지마宮古島가 활용되었을 가능성이 있기 때문이다.

10. 문순득이 경험한 유구의 풍속과 문화

이번에는 문순득의 첫 번째 표착지인 유구 지역에 머물면서 경험한 내용에 대해 살펴보겠다. 문순득은 표류인의 신분이라 거주에 제한되고 감시를 받았지만, 장기간 체류하면서 자연스럽게 현지인과의 교류가 이루어졌다. 「표해시말」에 담겨있는 유구의 풍속에 대한 내용에 외부인은 쉽게 접근할 수 없는 내용(장례문화)까지 포함되어 있어, 당시 조선에서 온 표류인과 유구사람들의 관계가 매우 친밀했음을 알 수 있다.

「표해시말」에는 "하루는 통역이 한 집으로 데려갔는데 발을 치고 차와 담배를 대접했다. 남녀가 훌륭하게 차리고 있었는데 무슨 일인가 물은즉, 대상관大上官의 처妻가 우리를 보고자 했다고 말했다."는 내용이 등장한다. 유구의 상위계층 사람이 조선에서 표류해 온 문순득을 초청한 것이다. 이는 조선 문화에 대한 호기심이 원인이 되었을 것이며, 표류인과 현지인과의 접촉을 차단하는 기본적인 표류인 관리체제에서 볼 때는 매우 이례적인 것이다. 표류 기간이 길어지면서 가능했던 상황으로 추정되는데, 문순득은 이런 독특한 경험을 통해 유구 문화에 대한 다양한 견문을 할 수 있었다.

유구琉球에서 체류하는 동안 문순득이 견문한 유구의 풍속을 「표해시말」에 수록된 내용을 토대로 구분하면 아래와 같이 총 19개로 정리할 수 있다.

유구의 풍속에 대한 견문내용

1. 예절 : 꿇어앉아 합장하고 엎드려 인사. 앉을 때는 반드시 꿇어앉음. 신분이 높은 사람을 보면 공손하게 절을 함.

2. 남녀관계 : 남녀가 한 자리에 모여 이야기, 귀인貴人의 처妻도 분별하지 않음. 다만 같이 앉지 않음.

3. 유구인의 초대 : 대상관大上官 부인의 초대를 받음.

4. 식사문화 : 젓가락으로 반찬을 집어서 손바닥에 놓고 입으로 빨아 먹음.

5. 장례문화 : 시체를 염하며 상여 나가는 예의가 거의 우리나라와 같음. 부인이 상여를 따르면 밖을 포장으로 둘러치고 앞에서 승려가 방울을 들고 이를 인도함.

6. 묘제 : 사람은 각기 하나의 돌 상자를 땅 속에 만들어 놓고 위를 석회로써 봉하고 옆에는 석문이 있어 장사 지낼 때 관을 상자에 넣고 문을 닫는

다. 상자의 크기는 3, 4칸 혹은 5, 6칸으로 족
장族葬.

7. 독서 : 책을 읽는 사람은 배를 땅에 붙이고 엎드려 읽
음.

8. 차와 약 : 언제나 차를 마시고 몸에는 항상 약을 지니
고 때때로 이를 마심.

9. 담배 : 연대烟台와 연통煙筒 휴대, 목기木器에 불과 타호
唾壺(침뱉는 그릇)를 넣고 나다닐 때 가지고 다
님.

10. 용모 : 코밑수염은 자르고 턱수염은 놔둠. 두발은 정
수리는 깎고 바깥쪽은 놔둠. 밀납 기름으로 붙
여 상투를 만들고 위에는 굽은 고리句環를 만들
며 아래로는 남은 머리카락을 감아 묶음.

11. 문신 : 천인賤人은 어깨에 묵경墨鯨이 있고, 직업에 따
라 다름. 어부 세줄 철사모양. 부인은 손등에
자자刺字(일종의 문신, 문양을 새김)가 있음.

12. 용변 : 품안에 항상 종이를 가지고 있다가 그 종이로
밑을 닦음.

13. 성씨 : 귀인貴人은 성姓이 있고 천인賤人은 성이 없음.

14. 말조련 : 말을 잘 부림. 낭떠러지를 뛰어 넘음.

15. 가마 : 대나무로 광주리처럼 엮음. 가마를 밑으로 드

리우고 두 사람이 멤.

16. 시장 : 저자에 앉아서 장사를 하는 것은 모두 여인임.

17. 농기 : 밭을 가는 것은 큰 괭이를 쓰고 무논은 먼저
    쟁기를 사용.

18. 동전 : 관영통보寬永通寶를 사용, 중국에서 통용.

19. 모기장 : 종이로 장막을 만들어 잠잘 때 덮음. 바깥의
    습기도 피함.

문순득에게 인상적이었던 유구 문화 중 하나는 여성들
의 활동상이었다. 남녀가 한데 모여 대화를 나누는 장면이
나, 시장에서 장사하는 사람이 주로 여자였다는 점이 특이
했다. 조선은 일상에서 남녀 구분이 강한 나라였지만, 유
구는 여성들의 활동성이 강했다. 시장에서 장사하는 사람
이 여성이라는 표현은 다른 사람들의 유구 표류기에서도
공통으로 발견되는 특징 중의 하나이다.[66]

「표해시말」에 언급된 유구의 풍속 가운데서 가장 주목
되는 것은 장례문화와 관련된 내용이다. 다음과 같이 기록
되어 있다.

---

66) 「濟州漂人問答記」에도 "市肆의 매매는 모두 여자들이 주관한다"는 표
현이 등장한다. 『燕轅直指』 제3권, 留館錄 상, 1832년(순조 32) 12월
19일~30일 편.

사람이 죽으면 시체를 앉히고 염을 하며 상여차[輀車] 삽선翣扇[67][금장식을 했다.] 명정銘旌과 여러 사람이 상여를 따르는 예의가 거의 우리나라와 같다. 부인이 상여를 따르면 밖을 포장으로 둘러치고 앞에서 승려가 방울을 들고 이를 인도한다. ○사람은 각기 하나의 돌 상자를 땅 속에 만들어 놓고 위를 석회로써 봉하고 옆에는 석문이 있어 장사지낼 때 관을 상자에 넣고 문을 닫는다. 상자의 크기는 3~4칸 혹은 5~6칸으로 족장族葬하는 곳이다.

문순득은 유구에 체류했을 당시 장례식의 풍경을 목격하고, 인상적인 장면에 대해 언급하였다. 사람이 죽으면 상여가 나가는 장례의 풍습이 우리나라와 대개 비슷하다고 묘사하고 있다. 특이한 점은 "부인이 상여를 따르면 밖을 포장으로 둘러치고 앞에서 승려가 방울을 들고 이를 인도한다."고 표현한 부분이다. 이러한 유구 장례문화에 관한 내용은 문헌 기록으로는 가장 오래된 것이라는 가치를 지니고 있다.[68] 현재 오키나와沖繩에는 이미 이런 풍속이 자취를 감춘 지 오래되어 현지 사람들에게도 생소한 문화가

---

67) 발인할 때 상여의 앞뒤에 세우고 가는 제구를 칭하는 것으로 보인다.
68) 多和田眞一郎, 『琉球·呂宋 漂海錄の硏究-二百年前の琉球·呂宋の民俗·言語』, 武藏野書院, 1994, 129쪽.

〈그림 14〉 문순득이 표현한 유구의 장례행렬

되었다.

현재 오키나와현에서 가장 멀리 떨어져 있는 '요나구니지마與那國島'의 옛 생활 모습을 담은 한 사진첩에서 문순득이 언급한 이러한 장례 풍습과 유사한 장면을 발견하였다. 〈그림 14〉는 1985년 요나구니지마與那國島의 장례 풍경으로 故 다지마죠히코田島常彦의 장례 행렬을 촬영한 것이다.[69] 이 사진 속에 담겨 있는 풍경이 문순득의 표현과 모습과 매우 흡사하다.

　조기弔旗의 행렬과 함께 앞에는 위패를 든 상주가 있고, 그 뒤에 줄을 서서 사람들이 따라가고 있다. 가장 눈에 띄는 장면은 흰색의 긴 천을 들고 가고 있는 모습이다. 이를 오키나와의 방언으로는 '마아구테이마시ま あ ぐ て い ま し'라고 불렀다. 그 정확한 유래를 알 수 없지만 '도막道幕'의 의미를 지니고 있는 것으로 판단된다. 그 도막 속에서 흰 천으로 얼굴을 가리고 있는 유족, 가까운 친척의 여인, 그리고 대곡녀代哭女 등이 따라간다.[70]

　'도막道幕'이라고 하는 것은 마치 우리나라 민속문화 가운데 씻김굿을 할 때 '길닦음'을 하기 위해 하얀 천(질베)을 이용하는 것과 비슷한 느낌을 받는다. 길닦음에서 사용되는 흰 천은 이승과 저승의 길을 연결하는 의미를 지닌다.[71] 다만 유구 사람들은 여인들이 그 천을 옆으로 세워서 들고, 장례행렬을 따라가는 행위를 통해서 표현하고 있는 점이 차이가 난다.

---

69) 『記錄寫眞集－与那國』, 与那國町役場, 1997, 156쪽에서 인용.
70) 『記錄寫眞集－与那國』, 与那國町役場, 1997. 156쪽 참조.
71) 질베의 정의는 다음 글을 참조함. 이경엽, 『씻김굿』, 한얼미디어, 2004, 114쪽.

〈그림 15〉 유구 지역의 옛 장례에서 사용된 상징물

한편 「표해시말」에는 언급되어 있지 않지만, 〈그림 1
5〉[72]에서 보이는 것과 같이 장례행렬 중에 등롱기燈籠旗
(등을 메단 깃발) 같은 것이 눈에 띈다. 그 끝에 하얀색 종
이로 된 사람의 형체를 매달고 가는 모습이 있다. 이 또한

---

72) 『記錄寫眞集-与那國』, 与那國町役場, 1997, 156쪽에서 인용.

우리나라의 씻김굿에서 사용하는 '넋'과 그 형체가 매우 흡사하다. 최근에는 오키나와와 우리나라의 문화적 동질감에 대한 연구가 많은 관심을 끌고 있는데, 민속적인 부분에서는 상당히 공통적인 요소들이 분명히 존재하고 있었던 사실이 문순득의 견문 내용을 통해서도 확인되고 있다.

사진 속의 배경인 '요나구니시마與那國島'는 오키나와 본도에 더 떨어져 있는 외딴 섬이다. 우리나라로 따지면 가거도 같은 섬이다. 이를 통해 지금은 오키나와에 이런 풍속이 남아 있지 않지만, 문순득의 기록처럼 당시에는 이러한 풍속이 유구琉球의 일반적인 민속의례였을 것이라는 증거가 된다.

유구의 묘제에 대한 설명도 매우 인상적이다. 이러한 풍습은 현재도 잘 남아 있다. 일종의 가족묘라고 할 수 있는데, 이 경우는 그 크기가 크고 어딜 가나 눈에 잘 띄기 때문에 문순득의 기록에 남아 있는 것이 별로 이상할 것이 없을 정도이다. 〈그림 16〉의 모습과 같은 형태를 귀갑묘龜甲墓라고 칭하기도 한다. 무덤의 형태가 거북의 등껍질 모양과 흡사하기 때문이다.[73]

73) 유구의 이런 독특한 묘제는 우리나라 영산강 유역 고대 묘제의 형태

오시마大島 지역에서는 현재 이런 매장방식이 남아 있지 않다. 사츠마번薩摩藩의 직속령이 되면서 묘제와 관련된 그 문화적 양상이 달라졌기 때문이다. 현 오시마大島는 일본 본토 쪽의 묘제가 일반화되어 있다. 반면 현 나하那覇 쪽은 이러한 전통방식의 묘제를 흔하게 발견할 수 있었다. 따라

〈그림 16〉 문순득이 묘사한 유구 전통 무덤

인 옹관고분하고 그 맥락이 비슷하다. 「표해시말」에서 '돌상자'라고 표현 한 것이 우리식으로 보면 옹관인 셈이고, 한 묘에 여러 사람의 시신이 같이 모셔지고 있는 것이 흡사하다.

서, 문순득이 수도가 있던 수리성首里城의 토마리무라항泊村港 일대에 체류하던 시절에 목격한 모습을 서술한 것으로 추정된다.

이처럼 타국의 묘제에 대한 상세한 내용을 언급할 수 있었던 것은 문순득의 현지에서의 적응력과 유구와 조선인 사이의 친밀도를 엿볼 수 있는 부분이다. 유구 사람들 묘의 내부 구조나 장례식 행렬까지도 묘사한 것은 호기심이 많은 문순득의 역량이 가미된 것으로 볼 수 있다.

상인이었던 문순득은 유구의 화폐도 눈여겨 봤다. 관영통보寬永通寶를 사용하고 있으며, 이는 중국에서도 통용되고 있다고 소개하고 있다. 관영통보는 17~19세기 후반 일본에서 주조된 화폐로 알려져 있다. 이 동전은 중국과의 무역으로 인하여 중국에서도 많이 발견되고 있다. 유구琉球 역시 이 화폐를 사용하고 있었다.

다음은 「표해시말」에 소개된 유구의 집(궁실) 문화와 관련된 내용을 정리한 것이다.

집 모양 – 네모지고 반듯함. 가끔 굽은 집이 있음.
구조특징 – 방구들(온돌) 없고, 창문이 없음.
건축자재 – 벽과 바닥은 모두 판자, 겉은 모두 벽.

부자집의 특징 - 집에 문을 설치함. 한면 전부에 두짝
  문을 냄.
지붕 - 기와 혹은 풀. 기와 없이 풀만 올리기도 함.
관사官舍 - 밖에 담장이 있음.
성곽 - 국도國都라도 성곽이 없음.

  조선의 집 구조와 비교하려고 했던 흔적이 보인다. 유구
의 집은 창호가 없어서, 문을 열었을 때도 빛을 받아들인
다는 표현도 남겨 있다. 또 우리나라의 경우 한양은 물론
지방에도 읍성 등 성곽이 있는 것과 달리 유구는 국도國都
라고 해도 성곽이 없다는 점이 문순득에게 특색 있게 느껴
졌다. 유구 사람들의 의복衣服과 관련해서는 다음과 같이
표현하고 있다.

복장 - 바지가 없고 긴 저고리를 입음. 남녀 구분 없음.
버선 - 귀인만 사용. 코를 두 갈레로 함.
신발 - 짚신, 엄지발가락을 사이에 끼움.
갓冠 - 없음. 귀인貴人은 있음. 조선의 아전書吏 모자와
  비슷함. 낮고 짧음.
비녀短簪 - 은이나 구리로 만듦.
머리장식 - 국화장식을 만들어 상투에 하나는 세로로 하

나는 가로로 꽂음.

바지 대신 긴 저고리를 입는 유구사람들의 모습이 신기했던 것 같다. 그들의 저고리 길이는 발까지 이르렀는데, 다닐 때는 옷자락을 걷는다는 표현까지도 담고 있다. 또 신분에 따라 인상적인 부분들을 표현하고 있다.

승의僧衣 - 조선의 장삼과 흡사하다.
부인婦人 - 낭자를 하고 대모瑇瑁 비녀를 사용. 가난한
　　　　사람은 대나무를 사용.
천인賤人 - 나뭇잎으로 삿갓을 만들어 쓰고, 해를 가림.
부인富人 - 반드시 우산을 가지고 다님.

도쿄국립박물관에는 19세기에 그려진 유구국의 '왕자부인도王子夫人圖'가 보관되어 있다. 이 그림 속 여인의 의상과 문순득의 기록이 매우 흡사하다. 문순득의 표현처럼 머리에 낭자를 하고 대모瑇瑁 비녀를 하고 있다. 손등에는 풍속에서 언급한 자자刺字가 있는 것을 확인할 수 있다. 문순득이 이렇게 여인들의 모습까지 묘사하는 것이 가능했던 것은 현지인과의 문화교류가 가능했다는 것이다. 또한 문순득은 의복을 소개하는 데 있어서 스님, 부인, 천인, 부자

등을 구분하고 있다. 이는 적어도 유구에 머물러 있을 당시 이런 다양한 계층의 사람들과 만나는 것이 가능했다는 증거가 된다.

유구琉球의 토산土産과 관련해서는 구파九波(구바나무), 감저甘藷(감자), 마사磨沙, 닥나무종이[楮紙] 등에 대해서 언급하고 있다. 이중에서는 "닥나무종이[楮紙]는 극히 값이 싸다. 색깔은 우리나라와 비슷하나 깨끗함은 뛰어나다. 두꺼운 것이 더욱 좋다."고 표현 한 부분이 인상적이다. 문순득의 고향인 흑산도권 주민들은 닥나무와 관련된 세금으로 인해

〈그림 17〉 유구 사람들의 전통의상(오키나와 민속촌에서 촬영)

많은 고충을 받고 있었기 때문에 닥나무에 흥미를 느낀 것 같다. 자기가 살고 있던 고향에서는 닥나무 종이를 만드는 것이 매우 어려운 일인데, 유구에서는 매우 싼 값에 거래되고 있는 모습이 인상적이었을 것이다.

이상에서 살펴본 것처럼 문순득은 표류인의 신분이었지만, 장기간 체류하게 되면서 유구의 생활문화를 다양하게 체험하였다. 상위층 집안에 초대되기도 하였고, 장례를 치르는 모습을 상세하게 살펴보기도 했다. 유구에서 유통되는 닥나무 종이나 다시마가 값이 매우 싸다는 기록이 있는 것으로 보아 물건을 직접 매매해 본 경험도 있을 것으로 추정된다. 우리나라의 기록 가운데 조선 전기에는 『해동제국기』를 비롯하여 『조선왕조실록』에도 유구 문화에 대한 관련된 기록들이 있었는데, 조선후기에는 관련 자료가 많지 않다. 문순득의 이러한 경험담은 유구에 대한 기록으로서도 중요한 가치가 있다.

11. 두 번째 표류, 스페인의 식민지 여송으로 흘러가다

문순득의 표류 노정이 매우 특징적인 것은 하나의 사건

에서 두 차례의 표류 경험이 나타난다는 점이다. 유구 국왕의 처소가 있는 나하那覇에 도착한 문순득 일행은 그곳에서 표류인 신분이 확인된 후 호송선에 태워져 중국으로 보내졌다. 그런데, 불행하게도 또다시 풍랑을 만나게 되었다. 관련 사항은 다음과 같이 묘사되어 있다.

> 16일 / 배를 띄우다.
> 17일 / 서풍을 만나 10여일을 어디로 가는지 알지 못하다가 다시 동북풍을 만나다.
> 11월 초1일 / 여송呂宋 서남마의西南馬宜 지방에 도착하여 닻을 내렸다. 유구인琉球人, 화인華人 15명이 물을 길어오기 위하여 육지에 올라가서 다음 날 아침 돌아 왔는데 6인이 없어져서 물으니 본국인에게 잡혔다고 한다. 여송呂宋의 동북에는 다섯 섬이 있어 배로 13일을 가니 보였는데 풍속을 알지 못하여 감히 가까이 하지 못하였다.

유구琉球의 도마리무라항에서 출항한 문순득 일행의 배는 중국의 복건성 복주를 향해 출항했다. 청으로 보내는 두 척의 진공선과 호송선 한 척이 함께 출발했다. 그런데 중도에 또다시 동북풍을 만나서, 배 세척이 각각 바람에

〈그림 18〉 현 필리핀 제도 가운데 여송(luzon)의 위치

흩어져 버렸다. 그중 한 척은 행방이 불명하고, 나머지 한 척은 11월 12일 대만의 해안에 부딪쳐 파손되었다. 때문에 진공화물과 도구들이 모두 침몰되어 잃어버렸다.[74] 문순득 일행이 탑승한 호송선은 11월 1일에 여송 지역에 표착하게 된다.

여송 지역에서 처음에 도착한 곳은 '서남마의西南馬宜'였다. '서남마의' 역시 문순득의 표류노정에 나오는 지명 가운데 많은 혼돈을 주었던 지명이다.

신안문화원에서 처음 국역본을 발간할 때는 '서남西南 마의馬宜'로 해석했다. 서남쪽의 '마의'라는 지명으로 본 것이다. 그러나 현지 답사를 통해 서남마의가 일로코스 수르 Ilocos Sur 지방 카보가오Cabugao시의 해안가에 자리하고 있는 살로마기Salomague 항구임을 확인하였다. 서남마의西南馬宜는 Salomague에 대한 표음表音이다.

「표해시말」의 부록에 수록된 언어 편에 '서남마의西南馬宜'라는 단어가 포함되어 있고, 여송어로 발음이 '셔람마기'라고 되어 있다. 셔람마기를 한자로 옮기면서 '서남마의西

---

74) 청대 당안 자료와 유구 『역대보안』에 유사한 내용들이 등장한다. 中國第一歷史檔案館 編, 『淸代中琉關係檔案續編』, 中華書局, 1994. 343쪽, 嘉慶八年二月二十日, 閩浙總督玉德等奏;『歷代寶案』第八冊, 景仁文化社, 1990, 4637~4644쪽, 4674~4677쪽, 4682~4686쪽.

南馬宜'라고 표기한 것이다. Salomague는 고대부터 무역항으로 번성했던 곳이다. 현지에서 확인한 안내문에는 이 항구가 "필리핀이 스페인의 식민지가 되기 전부터 중국이나 일본의 무역선들의 출입이 많았던 곳"라는 점이 강조되어 있었다. 항구 주변에 바닷가 마을이 발달 되어 있다.

문순득의 눈에 비친 Salomague 마을의 풍경은 유구국과는 또 다른 매우 이채로운 모습이었을 것이다. 유구의 경우 조선에서 표류하는 경우가 빈번한 지역이었지만, 여송呂宋은 그야말로 생소한 지역이었다.

당시 Salomague도 국제항이었는데, 문순득 일행은 이곳에 정착하지 못하고 더 남행하게 되었다. 새로 표착한 장소에서 예기치 못한 사고를 경험하게 되면서, 다른 곳으로 이동하였다. 이 상황에 대한 기록은 사료마다 매우 다르게 나타나고 있다.

표해시말漂海始末

유구인琉球人 화인華人 15명이 물을 길어오기 위하여 육지에 올라가서 다음 날 아침 돌아 왔는데 6인이 없어져서 물으니 본국인에게 잡혔다고 한다.

표류주자가漂流舟子歌

언덕 위에 흰옷 입은 사람이 있다가 멀리 바라보더니 곧 달려왔습니다. 배에 같이 탔던 사람들은 이제야 살아날 길이 있구나 하고는, 그를 따라간 자가 많았던 것입니다. 그런데, 한밤중에 한 사람이 바삐 돌아와 울면서 말하기를, "우리 무리들 태반이 그들에게 피해를 당했다. 그래서 나는 도망해 왔다." 하기에, 드디어 그와 함께 바삐 배를 옮겨, 바다 가운데에 닻을 내렸으니, 정박할 곳을 알지 못했습니다.[75)

청대중유관계당안淸代中琉關係檔案

유구국 관리 마국륜馬國輪, 뱃사공 향경열向景烈, 소이小二 길나미吉那味와 난민 서삼관徐三貫·서원경徐元慶 등 6명이 작은 배를 타고 길을 탐문하러 나갔는데, 다시 바람과 거센 파도를 만나서 배가 뒤집혀 익사 하였다.[76)

「표해시말」의 내용을 보면 물을 얻기 위해 상륙을 시작했다가 여섯 사람이 본국 사람에게 잡혀간 것으로 묘사하

---

75) 『蓟山紀程』, 「漂流舟子歌」.
76) 『淸代中琉關係檔案續編』, 349쪽. 「閩浙總督玉德等奏琉球使臣護送內地遭風商人曁朝鮮國難民到閩摺」; 『歷代寶案』 第八册, 4,662쪽.

고 있다. 「표류주자가」의 내용을 보면 첫 상륙을 시도하는 시점에 멀리서 사람의 모습이 보이자 일행 중 일부가 사람을 보고 무작정 따라 나섰다가 낭패를 당하는 상황으로 기록되어 있다. 『청대중유관계당안』이나 『역대보안』에는 소선小船을 이용하여 상륙을 시도하는 과정에서 배가 전복하여 사망한 단순 해난 사고로 설명하고 있다. 자료에 따라서 상황에 대한 인식과 기록이 상이하게 나타나고 있다. 기록하는 사람의 입장 차이도 반영되어 있을 것이다. 앞의 두 기록은 표류인이 경험한 내용을 구술한 것이고, 국외 공문서 자료는 호송 책임을 맡고 있던 유구의 통사가 증언한 내용이다.

여송에서 문순득 일행이 상륙한 곳은 일로코一咾呢였다.

> 12일 / 배를 타고 남쪽으로 하루를 가서 한곳에 닿았는데[지명은 알지 못한다.] 5일을 머물며 물을 긷고 옷을 빨았다. 하루를 가서 일로코一咾呢에 닿았다.

'코'는 흔히 사용되는 단어가 아니다. 「표해시말」의 말미에 부록으로 수록된 언어표에 '一咾呢'의 발음이 '일노쇼'로 소개되어 있으므로 '코'로 발음하는 것이 맞을 것 같다.

문순득 일행은 '일로코—咾哩'라는 지역에 도착했고, 이곳에서 약 9개월 동안을 체류하였다. 문순득의 노정 가운데 가장 중요한 지역이라고 할 수 있다. 처음에는 '일로코—咾哩'가 어디인지에 대해서는 정확한 고증이 이루어지지 못했다. 발음을 일로코로 볼 때, 북부의 일로코스Ilocos 지방과 연관이 있는 장소라는 것은 어느 정도 추정이 가능했다. 그러나 일로코스도 필리핀의 현 행정구역에서 일로코스 수르Ilocos Sur와 일로코스 노테Ilocos Norte도 구분되는 매우 광활한 지역이라 그중에서 문순득이 주로 체류했던 장소가 어디인지 비정하는 것이 쉽지 않았다. 이 역시 현지 답사를 통해 일로코의 위치가 오늘날의 일로코스 수르 지방에 위치한 비간Vigan 일대라는 점을 확인하였다.

「표해시말」의 기록 중 여송呂宋 지역에서 견문한 내용을 토대로 일로코의 위치를 찾는 방법을 시도하였다. 여송의 건축을 소개한 '궁실宮室' 부분에 '신묘神廟'라는 이름으로 묘사하고 있는 건물이 결정적인 단서가 되었다. 본문에는 신묘가 다음과 같이 기록되어 있다.

신묘神廟는 30~40칸의 긴 집으로 비할 곳 없이 크고 아름다웠으며[이로써 신을 모시는 대중을 대접 하였다.] 신상을 모셔 놓았다. 신묘 한쪽 꼭대기 앞에 탑을 세우고 탑 꼭

〈그림 19〉 문순득이 본 여송의 성당

대기에 금계金鷄를 세워 바람에 따라 머리가 바람이 오는 방향으로 스스로 돌게 하였다. 탑 꼭대기 아래 벽의 밖으로 크기가 같지 않은 종 4~5개를 걸어 제사와 기도 등 일에 따라서 다른 종을 친다.

문맥의 흐름으로 보면, '신묘'라는 것이 천주교 성당 건물을 묘사하고 있음을 알 수 있다. 기록에 나와 있는 종탑과 금계 장식의 풍향계가 있는 성당을 찾으면, 그곳이 문순득이 여송에서 살았던 지역임이 입증되는 셈이다. 현지 답사를 통해 확인해 본 결과 현 비간시의 시청 주변에 자리하고 있는 성 바오르 성당(st. paul metropolitan cathedral)이 문순득이 표현한 성당이었다. 현재까지도 기록에 묘사된 모습과 일치한 형태로 보존되어 있고, 여전히 성당으로 기능을 하고 있다.

비간의 성당은 1790년부터 건축하기 시작하여 1800년에 완공한 것으로 시기적으로도 문순득이 체류해서 목격한 시기와도 일치한다. 성당 본 건물과 그 우측에 10미터 정도 떨어진 위치에 팔각형 종탑이 자리하고 있다. 종탑 상부에 풍향계 역할을 하는 금계金鷄장식이 지금도 남아 있다.

다음 〈그림 20〉은 「표해시말」에 기록되어 있는 종탑의 현재 모습이다. 이 성당은 아우구스티누스 교단 수도사들에 의해 건축된 것이다. 중세 유럽의 천주교 성당에는 닭 문양을 장식하는 것이 유행이었다고 한다. 베드로가 닭이 울기 전 예수를 3번 배신할 것이라는 성경 내용에서 유래하여, 닭 장식이 배교의 상징처럼 성당 건축물에 활용된 것이다. 일로코스 지역에 이런 형태의 건축물이 남아 있는 사례는 이곳이 유일했다.

문순득 일행은 여송에 체류하는 동안 뜻하지 않게 일행들과 이별하게 되는 상황을 맞게 된다. 유구琉球에서 타고 왔던 호송선이 여송에서의 체류비 문제로 중국계 표류인들

〈그림 20〉 문순득이 '신묘' 부분에 묘사한 종탑의 현재모습

과 갈등 끝에 6명의 문순득 일행 중 문순득과 김옥문이 탑
승하지 않은 상태에서 다른 일행들만 태운 채로 1803년 3
월 16일에 먼저 출항해 버렸기 때문이다. 이로 인해 문순
득은 여송에 남겨지게 되었고, 이곳에서 약 5개월을 더 체
류하였다. 이후 1803년 8월 여송과 광동을 오가는 상선商
船에 탑승하여 오문澳門으로 이동하게 되었다. 「표해시말」
에는 다음과 같이 기록하고 있다.

5월 / 광동廣東의 상선商船이 왔다[여송인呂宋人으로 광동
廣東 오문澳門에 사는 사람인데 여송呂宋으로 장사
를 다닌다]. 8월에 관官으로부터 명령을 받고 우리
를 상선商船에 태워 광동廣東으로 보냈다.

　여송呂宋지역의 관官에서 알선하여 광동을 오가는 상선에
탑승하여 오문澳門으로 이동하게 되었다. 관의 명령을 받았
다고 되어 있으나, 탑승료를 지불하였다. 오문으로 향한
것은 중국 대륙으로 가기 위한 선택이었을 것이다. 문순득
의 표류 노정 복원에서 가장 판단하기 어려운 부분 중 하
나가 광동의 상선을 타고 출발한 구체적인 장소에 대한 문
제이다. 「표해시말」의 기록에는 장소에 대한 언급이 전혀
없다.
　당시 여송에서 가장 큰 무역항은 마닐라였다. 때문에 마
닐라에서 광동으로 가는 상선을 탄 것으로 해석하는 견해
가 있다.77) 그러나 필자는 현장을 답사하고 현지 전문가들

---

77) 최덕원(「문순득이 표해한 노정과 그 지역의 생활풍속 및 언어연구」,
　　『남도의 민속문화』, 밀알, 1994)과 多和田眞一郎(『琉球·呂宋 漂海錄
　　の硏究』, 武藏野書院, 1994) 모두 마닐라로 보았고, 유서풍도 「淸代
　　環中國海域的海難事件硏究 —以嘉慶年間漂到琉球·呂宋的朝鮮難民返
　　國事例爲中心」(『第九屆中琉歷史關係國際學術會議論文集』, 海洋出版
　　社, 2005)이란 글에서 多和田眞一郎의 선행연구에 따라 마닐라로 비

의 자문 내용을 종합하여 비간에 체류하고 있던 문순득이 마닐라까지 이동하여 광동으로 가는 상선을 타지는 않았을 것이라는 결론을 내리게 되었다. 유구의 경우는 오직 왕궁이 있는 현 나하那覇 박촌항泊村港에서만 중국으로 가는 국제출항이 가능했지만, 여송呂宋의 경우는 상황이 달랐다. 스페인 식민지였던 특성상 외국인들이 많이 출입을 해서, 유구琉球처럼 특정 지역에서만 외국으로 배가 다닐 수 있도록 제한되어 있지는 않았기 때문이다. 문순득이 실제 체류했던 장소로 확인한 비간의 경우도 당시 상업도시로 크게 발달되어 있었던 지역이다. 그 주변에는 메소티조 강과 중국해(china sea)가 만나는 지리적 특성을 이용한 포구가 발달되어 있다. 메소티조 강을 활용하여 비간은 16~19세기 무역활동 중심도시로 성장할 수 있었다.

비간시 중심지에서 인근 바닷가 마을에 푸에르토항 (puerto port)이라는 곳이 있다. 현지 주민들의 증언에 따르면 중국이나 외부에서 큰 배가 오면 먼저 이곳에 도착하고, 작은 배를 이용해서 메소티조 강줄기를 타고 비간시 근처까지 들어갈 수 있었다고 한다. 특히 중국으로 가는 배의 왕래가 많았던 곳이라고 하였다. 지금도 그렇고, 과

정하였다.

거에도 여송呂宋 사람들은 이 곳 바다를 중국해라고 부르고 있다. 여송 서쪽과 중국이 맞닿아 있는 해역이기 때문이다. 그런 점을 감안한다면 문순득이 이 일대에서 배를 타고 오문澳門으로 이동했을 가능성이 가장 높다고 할 수 있다.

무역선이 비간과 광동 사이를 직접 왕래하는 경우가 아니더라도 마닐라를 중심으로 교역활동을 하던 배들이 비간을 경유해서 광동지역으로 갔을 가망성도 높다. 과거부터 남서계절풍을 이용해 중국해를 항해하던 무역선들은 마닐라에서 출발하여 여송 중부지역을 경유해서 광동으로 이동하는 항로를 이용하고 있었다.[78] 때문에 비간이나 여송呂宋 지역에 문순득 일행이 처음 당도했던 살루마기Salomague 항 같은 지역을 통해서 광동 오문으로 이동하는 것이 충분히 가능했다.[79] 구체적인 항구까지 정확하게 비정하는 것은 쉽지 않지만, 비간 주변의 항구에서 상선을 탔을 것으로 보는 것이 타당하다.

---

78) 濱下武志, 『中國近代經濟史研究』, 東京大學東洋文化研究所, 1989, 231쪽, '南西季節風時期のシナ海ジャンク交易路' 지도 참조.
79) 필리핀 비간 대학의 오브레로 교수는 비간 주변의 판담포트에서도 출항이 가능하다고 추천한바 있다.

12. 여송에서 필리핀과 스페인 문화를 경험하다

여송呂宋에서 문순득은 고향에서 같이 출항했던 다른 4인의 일행과 헤어져 따로 남겨지게 되었다. 자신들의 호송 임무를 맡던 사람들도 없고, 돌아갈 배도 없는 상황에서 철저하게 여송 현시인들의 도움을 받아 생활했다는 특징이 있다. 그러한 돌발 상황은 당시 필리핀(여송)의 문화를 보다 밀접하게 체험하는 배경이 되었다. 무엇보다 본인들이 직접 식생활을 해결해야 했기 때문에 여송呂宋의 문화를 체험하고 받아들이는 것은 더욱 빨랐을 것이다.

「표해시말」 풍속 편에 소개된 여송과 관련된 내용은 아래의 11개 항목으로 구분해 볼 수 있다.

여송의 풍속에 대한 견문내용

1. 예법 : 반드시 의자에 앉음. 사람을 만나면 예의를 차려 손을 흔들거나 갓을 벗어 흔듦. 부모나 어른을 만나면 그 손을 끌어다 냄새를 맡음.
2. 식사문화 : 밥 짓는 것은 남자가 하고 밥을 먹을 때는 가운데 밥 한 그릇, 반찬 한 그릇을 놓고 남녀가 둘러앉아 손으로 먹음. 귀인은 시저匙箸(수저)를 쓰고 일간삼지一幹三枝(포크)를 사용함.

3. 춤 : 춤은 남녀가 마주 서서 손을 드리우고(늘어뜨리
   고) 음악에 맞추어 몸을 움직임.

4. 언어 : 국서國書는 있는데 음音은 있으나 뜻이 없음. 글
   씨는 우본羽本(펜)으로 가로로 쓰는데 중국 글은
   보이지 않음.

5. 형벌 : 가죽채찍으로 매질함. 도둑에게는 매질한 후 형
   틀 칼을 씌우고, 족쇄를 채움. 속전贖錢(형벌대
   신 내는 돈)을 바치면 풀어주거나 노비로 삼아
   기한이 차면 풀어줌.

6. 말 : 말을 조련하는데 동아줄로 발을 묶어 걸음을 익히
   는데 사용함.

7. 투계 : 닭싸움을 즐김. 은銀으로 뒷발톱을 만들고, 지는
   닭의 주인이 은을 바침.

8. 음식 : 콩이 없고 시장豉醬(된장)은 먹지 않음. 양羊이
   없고 쇠고기, 돼지, 녹두열매를 즐겨 먹으며, 그
   꼬투리를 따서 돼지고기와 섞어 나물을 만들면
   먹을 만함.

9. 담배 : 담뱃대가 없고 잎담배를 말아서 한쪽은 태우고
   한쪽으로 빰.

10. 국 : 도마뱀을 국을 끓여 먹음.

11. 약 : 가슴이 괴롭고 답답할 때 빗물을 마시면 내려감.

내용 중에는 서양문화(스페인)와 필리핀 원주민의 토속문화가 혼재되어 나타나 있다는 특징이 있다. 부모나 어른을 만나면 그 손을 끌어다 냄새를 맡는 것은 필리핀 루손 일로코스 사람들의 전통적인 인사법이다. 윗사람의 손을 자기 이마에 갖다 대는 모습을 설명하고 있는데, 현지인들은 이를 '마노뽀manopo'라고 한다.

투계를 즐기는 것이나 말을 조련하는 것에 대한 내용도 현지에서 직접 견문한 내용일 것이다. 투계는 닭싸움을 말하는 데, 스페인 시대 이전부터 이 지역 사람들에게 전해오는 고유한 풍속이다. 지금도 필리핀 사람들에게 투계 풍속은 성행하고 있다. 은銀으로 뒷발톱을 만든다는 표현은 한쪽 다리에 칼을 채우는 것을 의미하는 것이다. 지금도 한쪽 다리의 발톱에 날카로운 칼을 장착하여 싸우게 하는 풍습이 남아 있다.

형벌제도에 대한 설명을 보면 문순득이 여송呂宋 사람들의 풍속을 깊이 있게 파악하고 있었음을 알 수 있다. "속전贖錢을 바치면 풀어주거나 노비로 삼아 기한이 차면 풀어준다"는 내용은 이방인이 쉽게 알 수 없는 내용이다.

춤과 관련된 부분은 서양인의 문화라고 여겨진다. "춤은 남녀가 마주 서서 손을 늘어뜨리고 음악에 맞추어 몸을 움직인다"고 되어 있는데, 이것은 전통춤이 아니라 서양인들의 사교춤을 묘사한 것이다. '일간삼지一幹三枝'는 포크를 나타내는 것이다. 아마도 조선인 가운데 포크를 가장 먼저 사용해본 사람은 문순득일 것이다. 국서가 있는데 음만 있고, 뜻이 없다는 것은 스페인 언어를 보고 하는 말이다. 글씨는 펜을 사용하여 가로로 쓰며, 중국 글은 보이지 않는다고 하였다. 중국 글이란 한자漢字를 의미한다.

　문순득이 여송의 풍속에 대해서 서술한 내용 중에는 원주민 문화에 대한 부분도 담겨 있다. 풍속 부분에서 "가슴이 답답할 때 빗물을 마시면 내려간다"는 부분이나, 「표해시말」 본문에서 여송呂末의 "토인土人(원주민)들은 끈을 꼬는 것은 몰라도 연날리기는 좋아한다"는 등이 언급되어 있다.

　다음은 여송呂末의 집(궁실)에 대한 내용이다. 일반 집의 건축구조와 문순득이 여송에서 본 천주교 성당에 대한 내용이 있는 것이 특징이다.

　　모양 – 네모지고 반듯함. 사방은 3~5칸으로 같지 않음.
　　구조 – 주춧돌은 없음. 땅을 파서 기둥을 세움.
　　　　　높이 2~3장丈 위에 충집을 만들고, 사다리를 두고 오르내림.

재질 – 벽과 바닥은 모두 판자.

창문 – 앞뒤로는 모두 석린石鱗(유리)로 창을 냄. 가난한 사람은 판자로 함. 대나무로 덮음.

 담 – 부자는 석회로 쌓고, 사각형을 이룸.

수고 – 낙숫물을 내려 받아서 수고水庫를 만듦.

부엌 – 수십 보 떨어진 곳에 따로 둠. 옥상에서 운제雲梯 (구름다리)로 서로 연결함.

창고 – 층집으로 만듦. 위는 넉넉하고 아래는 줄여서 비스듬함.

곡식과 이삭을 저장. 집단을 묶어서 쌓아 놓고 쥐의 침범에 대비함.

신묘神廟 – 30~40칸의 긴 집. 크고 아름다움. 신상을 모심. 신묘 한쪽 꼭대기 앞에 탑을 세움.

탑 꼭대기에 금계金鷄를 세워 바람에 따라 머리가 돌게 하였음.

종 4~5개를 걸어, 일에 따라서 다른 종을 침.

한 사람이 종을 치면 듣는 사람이 각자 소리에 따라 와서 예배를 드림.

기타 – 성곽城郭과 울타리가 없음.

서양식 건축에 대한 설명이 많이 포함되어 있다. 유리로 창을 냈다거나 2층으로 집을 짓고 사다리를 이용한다는 내용 등이 그렇다. 낙숫물을 받아 수고를 만드는 점이나 부엌을 멀리는 두고 있는 점 등 생활문화적인 내용들이 많이 포함되어 있다. 부엌을 멀리 두는 이유에 대해서는 화재 예방 때문이라고 보충 설명을 하고 있고, 만약 화재를 낸 사람이 있으면 관에서 잡아간다는 내용도 담겨 있다.

여송의 궁실 부분에서는 신묘에 대한 항목이 별도로 있는 것이 가장 큰 특징이다. 이 건물은 현재 필리핀 일로코스 수르 지방의 비간에 현존하고 있는 성당을 직접 보고 묘사한 것이다. 종탑에 대한 설명이 매우 상세하고, 종소리에 따라 사람들이 모여서 예배하는 모습까지도 설명하고 있다. 단순히 건물의 외형에 대한 묘사를 넘어서, 성당 건물에 사람들의 모습까지 묘사하고 있다.

여송 사람들의 의복과 관련해서는 다음과 같이 소개하고 있다.

홑저고리 – 옷깃이 없음. 머리부터 아래로 덮어 씀.
소매는 팔을 겨우 넣을 수 있음.
옷깃에는 단추가 있어 이를 묶음.
주머니 – 겨드랑이 솔기 밑 주위에 주머니를 참.
저고리 – 길이는 일정치 않음.

옷자락이 있어 긴 것은 무릎에 이름. 아래는 좁아
짐.

수도인 – 검은 비단의 장포長袍를 입음. 우리나라의 두루
마기와 같음.

길이는 발에 이름.

바지 – 귀인의 바지는 이래로 버선과 잇대어 하나로 되
어있음.

몹시 좁아 겨우 정강이가 들어감.

앞에 중요한 곳 앞에는 두터운 면을 댐. 볼록하게
나오는 것을 싫어하는 것 같음.

천인賤人바지 – 양다리가 몹시 넓음. 허리띠가 없음.

모자 – 귀인은 가죽으로 만듬. 우리나라의 전립을 좌우
로 접은 것과 같음.

보통사람은 등나무로 엮어 만듬. 위는 절풍모折風
帽(고깔형모자)와 같음. 크기는 이마에 다다르며
창은 여러 치가되기도 함.

천인賤人은 오색 천(바둑판 무늬)으로 쓰개를 만
들어 머리를 덮음.

부인저고리 – 남자와 같음. 아래로 치마가 있고 주위는
모두 막혀 있음.

허리띠가 없고 옷깃을 접어서 빈 전대를 만들어

줄을 꿰어 맴.

두발 – 남자는 머리털을 깎거나 혹은 깎지 않음. 수도인
修道人은 정수리를 남기고 바깥은 깎음. 수염은
모두 깎음.

부인婦人은 낭자를 함. 혹은 산발散髮하여 은으로
만든 빗이나 대모玳瑁를 꽂음.

의복 부분에 대한 설명을 보아도 문순득이 여송呂宋에서
다양한 사람을 만났음을 알 수 있다. 모자의 경우 귀인과
보통사람, 천인 등으로 구분하여 설명하고 있다. 귀인은
스페인 사람들의 복식을 설명한 것이다. 홑저고리는 우리
나라처럼 가슴 부분이 터져서 팔부터 넣는 형태가 아니라,
머리 부분만 구멍이 나 있는 형태의 옷이다. 수도인의 장
포라는 것은 성당의 수도사나 신부의 의상을 표현한 것이
다. 우리나라의 두루마기에 비교하고 있다. 귀인의 바지를
설명하는 부분에서 "앞에 중요한 곳 앞에는 두터운 면을
댄다"고 설명하면서, 그 이유가 볼록하게 나오는 것을 싫
어하는 것 같다는 설명까지 덧붙이고 있는 점에서 문순득
의 관찰력이 매우 섬세하다는 점을 인식하게 한다.

여송呂宋의 토산土産과 관련해서는 목면木棉, 초면草綿, 물
소水牛, 여지荔支, 빈랑檳榔 등이 소개되어 있다. 목면木棉은

열매에 솜이 들어 있는 나무를 의미한다. 이 솜을 오직 베개 속으로 사용한다고 되어 있다. 국내에서는 볼 수 없는 물소에 대해서는 비교적 상세하게 소개하고 있다. "색은 까맣고 배는 크며 목은 가늘고 눈은 빨갛다. 뿔은 길이가 2자[尺] 남짓으로 서로 마주 향하여 활처럼 굽어 있다."고 묘사하고 있다. 여지는 파타야 열매를 상징하는 것으로 보이고, 빈랑은 현지에서 쉽게 발견되는 야자나무과의 열매이다.

이상과 같은 여송에 대한 문순득의 견문 내용은 국내 표류인 기록 가운데 유일한 것이다. 특히 서양과 동양의 문화가 접목되어 있는 시대적 양상이 견문 내용을 통해서도 발견된다는 점이 특징이다. 다만, 식민지라는 시대적 상황에 대한 인식은 견문 내용에서는 전혀 발견되지 않는다. 스페인의 유럽문화가 전파되어 있는 여송지역에 대한 문순득의 표류 경험과 기록은 가장 사료적 가치가 큰 부분이다.

〈그림 21〉 문순득이 머물렀던 필리핀 비간에 남아 있는 유럽형
상업도시의 흔적(유네스코 세계문화유산)

13. 포르투갈의 개항장 마카오(오문)로 이동

1803년 8월 28일 여송呂宋을 출발한 문순득 일행은 광동
의 상선에 탑승하였다. 약 11일 동안의 항해를 거친 끝에
9월 9일 오문澳門(마카오)에 도착하였다. 아쉽게도 오문에
서 체류에 대해서는 「표해시말」에는 매우 소략하게 기록
되어 있다. 오문 관련 내용이 소략한 이유는 의문이다. 기
록을 남긴 정약전이 중국(청)보다는 유구나 여송에 관심이

많았기 때문일 수도 있고, 우이도에 머물던 정약전이 개인 사정으로 대흑산도로 옮기게 되었는데 뒷부분을 상세히 담지 못했을 수도 있다. 관련 기록은 다음과 같다.

> 9월 초9일 / 광동廣東 오문澳門[향산현香山縣 땅으로 서남 선박이 모두 모이는 곳. 여송인과 홍모紅毛 서양인 수만호가 살고 있다. 땅은 좁고 사람은 많아 집 위에다 집을 올리고 있다, 광동廣東 성중 안도 역시 같다.]에 닿았다. 오문澳門에는 관청이 하나 있는데 주로 변방邊方을 기찰譏察 하고 손님을 접대하며 상인으로부터 세금을 징수하는 직책이다. 11일 나를 불러 바람을 만난 정실을 묻고 객사에 두어 몹시 성대하게 대접하였다.

당시 오문澳門은 포르투갈이 이용하는 조계지였고, 청조 淸朝에서 관세 관리를 위한 해관을 설치하여 운영하는 상황이었다. 오문에 도착한 문순득은 맨 처음에는 포르투갈 서양인 관원에 의해 조사를 받고 관리된 후, 나중에 오문에서 청조의 관원에 인계되었다.

문순득이 오문澳門에 있을 때 어느 지역에 체류했는지는

정확하게 비정하기가 어렵다. 다만 「표해시말」의 내용을 참조하면, 현지 관청에서 표류 경위를 조사한 것을 알 수 있다. 아마도 그곳은 포르투갈이 오문에 설치한 청사였을 것이다. 현재 '민정총서民政總署'라는 이름으로 남아 있는 건물일 가능성이 높다. 이 민정총서는 1784년에 건립되었다. 민정총서가 있는 곳은 현재 오문(마카오)에서 가장 번화가인 세나도Senado 광장이다. 세나도는 포르투칼어로 '원로원'을 의미한다. 민정총서가 마카오 운영을 위한 의회·관청 역할을 했음을 알 수 있다. 현재 마카오 '산말로 163번지(No.163 San Ma Lo)'에 소재하고 있다. 이 일대에는 오문의 주요 관공서 건물들이 밀집되어 있고, 그중 상당수의 건물이 지금도 현존하고 있다. 이런 흐름을 본다면 문순득은 이 일대에서 체류했을 가능성이 높다.

문순득은 오문이 청조의 향산현 땅이라는 점을 인식했다. 그러면서도 이곳에 각국의 선박이 모여드는 항구이며, 특히 여송인과 서양인 수만호가 살고 있다고 묘사했다. 포르투갈 사람들 이외에 필리핀 사람들과의 교류도 활발했음을 알 수 있다.

〈그림 22〉 오문에서 문순득이 방문했을 것으로 추정되는 포르투갈 관청
(민정총서)

14. 대륙을 횡단하여 고향으로 돌아오다.

이후 문순득은 청조 관원에게 인계되었다. 청조 호송인
의 인솔하에 수로와 육로를 거쳐 북경으로 이동하였다. 오
문 지역과 마찬가지로 이 시기에 대한 내용이 매우 소략한
것이 「표해시말」의 또 다른 특징이다. 본문의 내용을 토대
로 오문澳門에서 북경까지의 이동 과정을 정리하면 다음과
같다.

12월 7일 - 호송인과 함께 향산현香山縣에 도착.

12월 11일 - 배를 타고, 3일 만에 광동부廣東府에 도착.

12월 13일 - 남해현南海縣 오관澳關 도착.

3월 17일 - 남웅부南雄府 보창현保昌縣 도착.

4월 5일 - 매령梅嶺80)을 넘어 강서계江西界 남안부南安府 도착.

4월 6일 - 배를 타고 3일을 가서 강주부康州府 도착.

4월 9일 - 배를 타고 4일을 가서 강서부江西府 도착.

4월 14일 - 배로 6일을 가서 남경南京 도착.

4월 20일 - 배로 50리를 가서 상원현上元縣 금릉金陵 도착.

4월 21일 - 강을 건너, 배로 20리가서 무호현蕪湖縣 도착.

4월 22일 - 배로 60리를 가서 양주부楊洲府에 도착.

4월 23일 - 배를 타고 4일을 가서 삼보三甫를 지나다.

4월 26일 - 삼보에서 육로로 5리를 가서 사도沙島 회음 관淮陰館 도착.

4월 27일 - 수레를 타고 300리를 가서 산동계山東界에 들어가다.

5월 19일 - 황성皇城에 도착.

---

80) 강서성江西省 영도현寧都縣 북동. 일명 수령修嶺.

문순득은 오문澳門에서 3개월 정도를 머문 후에 향산현으로 이동되어 중국본토를 약 5개월에 거쳐 횡단한 끝에 이듬해 1804년 5월 19일 북경에 도착하게 된다. 육로에서는 가마나 수레를 이용하였고, 배를 타고 강이나 운하를 통과하기도 하였다.

　기록도 소략하고, 관련 풍속이나 문화에 대한 언급이 거의 없다. 그러나, 표류경험 자체만 놓고 보면 중국에서 문순득의 노정도 큰 의미를 지닌다. 우선 그 이동 경로가 매우 장거리이다. 표해록의 대명사가 된 최부의 경우는 옛부터 조선과 바닷길로 연결되어 있었다고 볼 수 있는 절강성 태주 임해현 해안에서부터 출발하여 중국대륙을 횡단한 것이다. 이에 비해 문순득은 거의 두 배 이상 멀리 떨어져 있는 중국대륙에서 가장 남쪽에 해당하는 광동의 오문澳門에서부터 출발하여 중국대륙을 횡단한 셈이니, 그 노정은 실로 대단한 일이었다. 여송에서 헤어져 문순득보다 먼저 중국에 도착한 작은아버지 문호겸 일행은 오문澳門보다 더 위쪽에 해당하는 복건성 하문廈門에 상륙하여 북경으로 이동하였다.

　한편 「표해시말」의 중국노정 부분을 현지 지리적 사정과 비교해보면 지명이나 노정에 일부 오류가 발견되기도 한다.[81] 기록으로만 보면 광동에서 강서로 들어갔다가 다

시 광동으로 내려간 것처럼 묘사되어 있다. 이는 기록 과
정에서의 오류이다.

북경에 도착한 문순득 일행은 조선의 관원에 인계되어
이동하게 된다. 고려관이라고 하는 곳에서 머물렀다는 기
록이 등장하며, 황력재자관黃曆賫咨官이 북경에 도착하자,
그 일행의 귀국길에 동승하여 고향으로 돌아오게 되었다.
『지정연기芝汀燕記』에 따르면 당시 황력재자관으로 파견된
인물은 홍처순洪處純이었음이 확인된다.[82]

귀국 과정 중 한양에서 임금을 만났는지에 관한 내용은
전혀 언급되어 있지 않으나, 문순득의 경우는 그런 과정이
생략되었던 것으로 보인다. 시기적으로 정조 임금의 사후
였다는 상황도 그런 정황을 뒷받침한다. 다른 표류인의 경
우는 조정에서 표류한 내력에 대해 조사하여 기록으로 남
겨두는 절차를 밟기도 하였다. 문순득이 북경에서 고향인
우이도로 귀국하는 과정은 다음과 같다.

9월 20일 – 순천부順天府[83]에 가서 곧 대흥현大興縣에

---

81) 「표해시말」에 기록된 중국 노정에 대한 문제는 박현규, 「문순득 행적
   과 기록에 관한 劄記」, 『동방한문학』 50, 동방한문학회, 2012. 6절
   (388~392쪽) '문순득이 귀환한 중국 노정의 오기 문제' 부분을 참조하
   였다.
82) 박현규, 앞의 논문, 375쪽 참조.

이르러 3일을 머물다.

9월 22일 – 예부禮部를 뵙고 곧 통사通事를 따라 와서 고려관高麗館에서 머물다.

9월 28일 – 조선 황력재자관黃曆賷咨官[84]이 북경에 도착.

11월 4일 – 수레를 타고 출발.

11월 24일 – 책문柵門을 지나다.

11월 27일 – 의주義州에 도착.

12월 16일 – 경도京都에 도착.

12월 30일 – 다경포多慶浦에 도착.

정월 1일 – 배를 탔다.

초8일 – 집에 도착했다.

기록에 황력재자관이 북경에 도착했다는 내용이 언급되어 있다. 문순득 일행은 해마다 황력과 자문을 받아오기 위하여 중국에 파견하는 관원인 황력재자관 일행이 업무를 마치고 조선으로 돌아가는 길에 동행하여 귀국하게 되었음을 의미한다. 이는 중국에서 조선 표류인을 송환하는 일반

---

83) 북경을 뜻함. 명明 초기에 북경北京 일대를 통치하기 위하여 순천부를 설치하고 수도를 옮긴 것에서 유래하였다.
84) 해마다 중국에서 황력과 자문을 받아오기 위하여 파견하는 관원을 칭한다.

적인 절차였다.

문순득은 11월 4일 수레를 타고 북경을 출발하여, 책문·의주를 거쳐 12월 16일에 한양에 도착했다. 약 42일 정도가 소요되었다. 고향 우이도에 들어오는 뱃길은 다경포(무안)에서 출발했다. 다경포에서 출발하는 것이 조선후기의 일반적인 뱃길이었다. 보다 후대인 최익현의 경우도 유배지인 우이도로 가기 위해 다경포에서 출발했다는 기록이 남아 있다.[85)]

15. 마카오와 중국의 풍속과 견문

문순득이 오문澳門과 중국 본토 지역에 체류한 시간은 가장 길었지만, 관련 내용은 매우 소략하다는 것이 「표해시말」의 특징이다. 정약전의 기거가 불안정하여 거주지를 우이도에서 대흑산도로 옮겨 간 것이 그 이유이거나, 책을 만들 때 편집의 방향이 유구와 여송의 견문내용에 초점이 맞춰져 있었기 때문일지도 모른다.

문순득은 9월 초9일 오문에 도착하여 12월 초7일 길을

---

85) 최익현, 『국역 면암집』 3, 솔, 1997. 68쪽.

떠나기까지 약 90일을 머물렀다. 당시 오문澳門은 포르투갈 사람들의 거류지였고, 청조에서도 해관을 설치하여 오문을 왕래하는 선박에 대한 관리를 강화하고 있었다. 문순득이 당시 국제사회 인지 능력으로 볼 때 당시 오문이 포르투갈이 개발한 항구라는 사실에 대한 깊이 있는 인식은 불가능했던 것 같다. 다만 이곳에 "여송呂宋人과 홍모紅毛 시양인 수만호가 살고 있다"고 표현하고 있다.

또한 문순득은 광동廣東 오문澳門의 "향산현香山縣에 속한 땅으로 서남西南의 선박이 모두 모이는 곳"이라고 표현했는데, 당시 국제항으로서 특수를 누리고 있던 오문의 모습을 항구라는 특성에 초점을 맞춰 묘사한 것으로 보인다. 도시의 풍경에 대해서는 "땅은 좁고 사람은 많아 집 위에다 집을 올리고 있다"고 하였다. 건물의 형태상 여러 층이 올라가 있는 집을 의미 하는 것으로 보인다. 다층주택의 형태를 한 건물들이 많았기 때문이다.

오문澳門에 도착한 이후 표류인 신분을 확인받기 위해 한 관청에 간 적이 있었는데, "오문澳門에는 관청이 하나 있는데 주로 변방邊方을 기찰譏察하고 손님을 접대하며 상인으로부터 세금을 징수하는 직책이다"고 서술한 것으로 보아 해관海關을 의미하는 것으로 추정된다.

문순득은 오문澳門이 항구로 개발된 내막에 대해서는 잘

알지 못했겠지만, 분명한 것은 이곳이 서양인의 출입이 허가된 특수항구였다는 점은 인지했다. 그리고 해관이라고 하는 곳을 통해서 출입하는 선박을 관리하고, 세금을 징수하는 업무가 전담되고 있다는 점이 매우 인상적이었을 것으로 생각된다. 문순득의 국제항인 오문에서 각국 상인들의 모습을 직접 눈으로 목격하였고, 그들이 사용하는 화폐에 대해서도 주의 깊게 관찰하였다. 여러 종류의 주화가 사용되는 것이 매우 합리적이고, 상업 활동에 편리하다는

〈그림 23〉 오문(마카오)의 전통 재래시장 풍경. 문순득은 이런 곳에서 화폐유통의 현장을 목격했다.

인식을 하였다.[86] 후술하겠지만 그러한 경험이 정약용에게 전파되어 정약용의 저서 『경세유표經世遺表』에 담겨졌다. 이 책에 문순득이 오문(향산현)에서 경험한 서양의 화폐에 대한 이야기가 등장한다. 이를 보면 문순득이 오문에서 물건도 구입하고 다양한 현지 문화를 체험했음을 알 수 있다.

한편, 오문에는 유네스코 세계유산으로 지정된 세인트 폴 대성당이 있다. 오문(마카오)의 중심이 되는 건물이다. 「표해시말」에는 언급되어 있지 않지만, 문순득은 이 대성당 건물을 본 최초의 조선인일 것이다. 오문에 약 90일 정도 머물렀기 때문에 도시 구조상 이 성당을 볼 수밖에 없다. 이 성당은 이후 1835년 화재로 인해 본 건물은 소실되고 전면의 앞부분만 남아 있는데, 문순득이 오문에 방문했을 때는 온전한 상태였다. 문순득은 중국 내 유럽문화가 전파되어 있는 오문(마카오)를 최초로 경험한 조선이이었다. 김대건 신부가 마카오로 유학을 온 것이 1837년이니 그보다 34년이나 빠르다.

오문에서 서양인의 관리를 받던 문순득은 이후 청조 관원에게 인계 되어 북경 회동관에 안치되기까지 중국 대륙

---

86) 이익성 옮김, 『경세유표』 I, 한길사, 2008, 225쪽.

을 횡단하는 긴 여정을 체험하게 된다. 그러나 중국에서의 견문에 대한 기록이 소략하여 그가 체험했던 내용에 대한 상세한 정보를 알 수 없다.

1804년 4월 초6일 강주부康州府에 닿아 등왕각滕王閣에 올랐는데, 부서진 집들이 많아 몹시 쓸쓸했다는 것과 상원현上元縣 금릉金陵에서 초패왕楚覇王 관왕사關王祠 연자기비燕自己碑를 보았다는 내용이 언급된 정도이다.

중국의 풍속 중 유일하게 호기심을 지니고 기록에 남겨진 부분은 운하運河에 대한 부분이다. 무호현蕪湖縣에서 묵

〈그림 24〉 문순득이 마카오에서 목격했을 것으로 추정되는 성 바울 대성당

을 때 강을 건넌 후 호수로 들어갔는데 조거漕渠를 통해서 간 것으로 표현하고 있다. 조거漕渠 양쪽 언덕에는 판교板橋가 설치되어 있는데, 배가 지나가면 치우고 배가 없으면 설치한다고 설명하고 있다. 또 양주부楊洲府에서도 주의 성 밖에 설치된 주교舟橋가 있는데, 역시 배가 지나가면 열어 준다고 설명하고 있다. 양주 이후에는 배가 조거를 통해서 갔으며, 양안은 석축으로 둑을 쌓았고 둑 밖의 논밭은 모두 수평보다 수 십자 아래에 있다는 점을 표현하고 있다. 당시 배는 모두 도랑으로 가는데 군사들이 이를 끌었다는 점도 밝히고 있다.

일반적으로 중국을 견문한 사행기나 표해록에는 중국문명의 우수함이나 문화유적의 거대함에 대한 감회를 수록한 것들이 많은데, 문순득의 기록에는 중국문화에 대한 언급은 거의 없다. 이는 문순득이 상인으로 학문적 수준이 높지 않아서 중국 문화에 대한 호기심이 많지 않았을 수도 있지만, 비교적 중국문화에 대한 관련 글들이 많이 있기 때문에 집필자인 정약전이 문순득 표류 견문의 초점을 유구와 여송에 맞췄기 때문일 것이다.

3

의미찾기

문순득의 표류 경험과 그 기록의 가치

16. 외국 선박과 국제 항해를 체험하다

「표해시말」의 견문 내용 중 가장 특징적인 부분 중 하나는 배에 대한 별도의 항목으로 구분하여 비중 있게 다루고 있다는 점이다. 이는 문순득이 평소 배를 타고 교역하던 상인이었기 때문에 생긴 관심사이자 전문성의 반영이기도 하다. 실제로 표류 기간 중 외국의 배를 타고 항해를 한 경험이 많았다.

문순득은 유구琉球에서 유구호송선을 타고 중국을 향해 출항했다가 여송呂宋에 표착했다. 이때 약 보름 동안을 유구의 배에 탑승했다. 또 여송呂宋에서 광동 오문澳門을 이동할 때는 광동을 오가는 그곳의 상선을 타고 11일 동안 항해하여 오문에 도착한 경험이 있다. 특히 이때 경험했던 여송의 상선은 스페인 혹은 포르투갈의 유럽형 범선이었기 때문에 조선인 중에 최초로 이른바 이양선에 타서 실제로 항해하는 경험을 한 것이었다.

배를 타고 상업 활동을 하던 문순득에게 외국의 배는 단순히 호기심을 넘어서 살아 돌아오면 당장 삶의 현장에 적용할 수 있는 중요한 연구 대상이 되는 것이기도 했다. 또한, 기록을 담당한 정약전의 실학적인 성향도 배에 대한 기록이 상세하게 담겨지게 된 하나의 요인이었다.

먼저 유구의 배에 대해서는 작은 배와 큰 배를 구분하여 소개하고 있다. 작은 배는 유구 사람들이 인근 해역에서 어로 활동을 할 때 쓰는 배이고, 큰 배는 유구에서 중국 복건으로 호송될 때 체험했던 호송선(진공선)을 표현한 것이다. 작은 배에 대해서 「표해시말」에 소개된 내용을 정리하면 다음과 같다.

　　모양 – 베틀의 북과 같음. 뱃머리는 극히 좁고 선미船尾
　　　　　는 허리보다 줄이지 않음.
　　구조 – 위쪽 좌우의 바깥을 각판閣板을 붙여 물에 뜨기
　　　　　쉽게 함.
　　　　　각판閣板의 위에는 뱃전(양쪽 가장자리)을 붙임.

돛대 — 허리에 돛대 하나를 세움. 재질은 무명베.

　　활터에 세운 과녁판처럼 펴짐.

키 — 선미船尾에 뱃바닥을 향하여 넣고, 가로로 큰 나무

　　를 키의 기둥에 꽂음. 길이는 배의 허리에 이름.

키잡이 — 배의 중간에 뒤를 향하고 앉아 키를 잡음.

가는 모양 — 가는 것이 매우 경쾌함.

　유구 사람들이 일반적으로 사용하는 배의 모양과 만드는 재질, 돛대의 수와 형태를 묘사하고 있다. 문순득의 배에 대한 식견이 반영되어 있다. 마치 의도적으로 배에 대한 조사를 한 것처럼 세부적인 부분까지도 표현하려고 노력하고 있다. 배의 좌우 바깥쪽에 '각판閣板'을 붙이는 것이 물에 뜨기 쉽게 하기 위함이라는 표현은 문순득처럼 배의 구조에 대해 익숙한 사람이 아니면 쉽게 이해할 수 없는 부분이다. 또한 키를 잡고 앉아 있는 모습과 그 배가 물 위에서 나아가는 느낌까지도 "매우 경쾌하다"고 서술하고 있다.

　다음은 유구의 큰 배에 대한 묘사이다.

바닥 — 하나의 판을 사용. 좌우에 판을 붙임.

전판傳板 — 높이는 3장丈을 웃돌고, 넓이는 약 4~5장, 길

이는 수 십장.

모양 – 앞은 좁고 뒤쪽은 넓음.

가롱 – 모두 두꺼운 판자로 벽을 만듦. 뱃전 바깥에서
　　　쇠못을 꽂아 고정.

봉옥蓬屋 – 가운데 만듦. 좌우에 판자를 세워 구멍을 통
　　　하여 파도가 통하게 함.

옥상 – 또 뜸집을 만듦.

뱃머리 – 큰 다리를 만들고, 다리위에 깃발을 꽂아 지휘.
　　　키잡이가 그것을 보고 키를 잡도록 함.

키 – 키는 바로 세워 동아줄로 묶음.
　　　배 밑바닥에서 뱃머리와 묶어 밖으로 기우는 것
　　　을 막음.

망루 – 키를 잡는 망루는 2층으로 지음.

모양 – 아래는 6인이 키를 잡고 있고 위에서 두 사람이
　　　앉아 지남철(나침반)을 가지고 있음.

돛대 – 두 개를 세움. 가롱에 설치해 배 밑바닥에 붙지
　　　않게 함.
　　　구파목几波木의 잎을 사용. 앞뒤로 대를 엮어서
　　　잎을 붙여 고정.
　　　돛 좌우에 또 베돛이 있어 보조함.
　　　고물의 좌우에는 두 개의 작은 돛대가 있어 베돛

을 펼쳐 타력舵力을 도움.

보조배 - 배의 허리의 좌우에 큰 판자문을 만듦. 물 긷
는 배를 넣어둠.

문순득이 묘사한 이 유구 배는 상당한 규모를 갖추고
있던 배였다. 이 배는 유구의 일반인들이 사용하는 것이
아니라, 먼바다를 왕래할 때 사용하는 국제 항해용 선박으
로 추정된다. 즉, 중국으로 가는 진공선 같은 경우가 이에
해당한다. 문순득 일행은 유구에서 중국 복건으로 보내지
는 진공선에 합류해서 보내졌는데 본인이 실제 탑승했던
대형 선박의 모습을 묘사한 것으로 여겨진다. 문순득이 묘
사한 대형 선박을 이해하기 위해 참조 그림을 제시하면 다
음과 같다. 이는 오키나와 현립박물관에 전시되어있는 유
구선의 모습이다.

당시 문순득 일행은 호송 책임을 맡은 유구국 통사 정
세준鄭世俊과 복건福建 동안현同安縣 선호船戶 서삼관徐三貫
등 32명 등과 함께 이 배에 탑승하였다. 호송선에 처음 탄
인원의 수가 105명이었다.[87] 이를 통해 문순득이 묘사한

---

87) 中國第一歷史檔案館 編, 『淸代中琉關係檔案續編』, 中華書局, 1994,
349쪽, 「閩浙總督玉德等奏琉球使臣護送內地遭風商人曁朝鮮國難民到
閩摺」 문서.

〈그림 25〉 문순득이 유구에서 탑승했던 진공선의 형태 모형

유구 배의 규모를 가늠해 볼 수 있다.

문순득 일행은 이 배 안에서 약 보름을 머물렀다. 때문에, 선박의 구조를 충분히 살필 수 있었다. 배의 구조 외에도 운항할 때 뱃머리의 사람과 키잡이가 어떻게 협력하고 있는지, 망루에 있는 사람들은 무슨 역할을 하는 지 등이 구체적으로 묘사되어 있다. 또 돛의 재질이 천 종류가 아닌 유구 지역에서 자생하고 있는 구파목의 잎을 사용하고 있다는 점도 눈여겨보고 있다.

배에 관한 설명 중 맨 끝에는 배의 허리에 있는 문을 이용하여 물을 길을 때 사용하는 작은 배를 끌어다가 놓는다는 내용이 있다. 이 배는 항해 도중에 육지에 상륙해서 식수 등을 구해 오거나 주변의 상황을 정찰할 때 사용하는 보조선이다. 위 그림처럼 배의 중앙 부분에 판자로 붙여 놓은 부분이 보인다. 문순득의 설명은 유구의 큰 배(진공선) 구조에서 중앙에 있는 판자부분의 용도를 정확하게 설명하고 있다. 보조선을 올릴 때 판자를 떼었다가 그 구멍으로 배를 갑판으로 올려놓는 것을 알 수 있다.

이 보조선과 관련해서 특이한 점은 문순득 일행이 여송呂宋으로 표착하면서 이 보조선을 실제로 사용했다가, 전복되는 사건이 있었다는 점이다. 여송의 서남마의 지방에 처음 표착한 후 당시 유구국 관리 마국륜馬國輪, 뱃사공 향경열向景烈, 소이小二 길나미吉那味와 난민 서삼관徐三貫·서원경徐元慶 등 6명이 작은 배를 타고 길을 탐문하러 나갔는데, 다시 바람과 거센 파도를 만나서 배가 뒤집혀 익사하는 사고가 발생했었다.[88] 「표해시말」에는 "물을 길러오기 위해 육지에 나갔다가 일행 중 6명이 돌아오지 못한 것"으로 설명하고 있다. 당시 문순득은 본국 사람에 붙잡혀서

---

88) 『清代中琉關係檔案續編』, 349쪽, 「閩浙總督玉德等奏琉球使臣護送內地遭風商人暨朝鮮國難民到閩摺」 문서.

못 돌아온 것으로 인식했던 것 같다. 반면, 중국 측 자료에는 작은 배가 바람에 뒤집히는 사고가 있었던 것으로 상세하게 소개하고 있다.

　문순득은 여송呂宋에서 배와 관련해서 더 큰 체험을 하게 된다. 기록에 남아 있는 배는 여송呂宋에서 중국 광동의 오문澳門으로 이동했을 때 탑승했던 상선의 모습을 보고 묘사한 것이다. 「표해시말」에 기록된 관련 핵심을 제시하면 다음과 같다.

　　　밑 바닥 − 하나의 판자로써 바닥판의 위로 좌우에는 3~4
　　　　　　개의 판자를 매우 좁게 하여 비스듬히 내려가게
　　　　　　하고 그 위로 올라가면서는 가파르고 넓게 함.
　　　뱃머리 − 밑판에 붙이되 기둥 하나를 세워 좌우 현판(뱃
　　　　　　전)의 머리를 기둥에 비늘처럼 붙임.
　　　구조 − 이물(선수)은 아주 좁으나 고물(선미)은 넓음.
　　　크기 − 높이는 3장丈, 길이는 15~16장, 넓이 3장, 큰 배
　　　　　　는 길이가 20장.
　　　가롱 − 없음.
　　　기둥 − 맨 앞에서 끝까지 2척尺 간격으로 기둥을 세움.
　　　　　　쇠못으로 고정. 배 안은 넓고 텅 비어있어서 거
　　　　　　리낌이 없음.

뜸집 - 유구와 같음.

키 - 키 꼬리는 바로 세워서 올리거나 내릴 수 없고 매
          우 작음. 배 밑이 이미 협소하여 물에 들어가면
          키와 같은 역할. 배 밑이 키를 돕는 까닭에 키가
          작아도 능히 견딤.

돛대 - 3개를 세움. 모두 4~5마디로 떼었다 붙였다 함.
          바람에 따라 늘리고 줄임. 돛은 흰 모시 베를 사
          용함. 펼치면 과녁 같음. 뱃머리에는 앞을 향하여
          비스듬히 돛대 하나를 세움. 돛 하나는 세로로
          펼쳐 배가 좌우로 흔들림이 없게 하고, 돛 하나
          는 가로로 펼쳐 배가 좌우의 바람을 받게 함.

얼레 - 작은 판자 한쪽에 쇠를 묶어 가운데 구멍을 뚫고
          얼레에 묶음.

유리병 - 두개의 작은 병 중 하나에는 모래를 넣고 다른
          하나는 비워 둠. 모래가 든 병을 위로가게 해서
          아래의 병으로 내려가는 시간을 잼.

「표해시말」에는 이 배가 '광동상선廣東商船'이라고 표현되
어 있다. 여송呂宋人인데 광동廣東 오문澳門에 살고, 여송呂宋
으로 장사를 다닌다고 하였다. 문순득이 오문澳門에 도착한
후 작성된 문서에는 이 배와 관련된 구체적인 명칭이 등장

한다. 먼저 문순득은 심문받는 과정에서 이 배를 '오문번귀선澳門番鬼船'이라고 칭하였다.[89] 또 다른 문서에서 청조 관원들은 문순득이 타고 온 배를 '제십일호오선第十一號澳船'이었다고 구체적인 선박명과 번호를 언급하고 있다.[90] 이를 통해 당시 문순득이 탔던 배는 오문澳門에서 무역 활동이 인가된 배였다는 점을 확인할 수 있다.

문순득이 「표해시말」에서 설명한 이 배는 흔히 '번박番舶'이라고 칭하던 유럽식 범선으로 스페인이나 포르투갈의 무역선을 설명하고 있는 것으로 추정된다. 문순득이 탔던 배의 형태를 묘사된 기록과 비교해 보면, 〈그림 26〉과 같은 형태와 유사하였을 것이다.

돛대에 대한 설명을 보면 당시 유럽의 무역선과 매우 흡사하다. 그 묘사 또한 매우 섬세하다. 돛대 3개를 펴는데 세로로 펼친 돛은 배가 좌우로 흔들리는 것을 막고, 가로로 펼친 돛은 좌우에서 부는 바람을 맞게 하기 위함이라

---

89) 劉芳 輯, 『葡萄牙東波塔檔案館藏 清代澳門中文檔案彙編』 下, 澳門基金會, 1999, 638쪽. 1248번 문서. 1803년 9월 중순에 문순득 등이 바다에서 풍랑을 만나 표류해 온 일을 갖추어 기술하여 청조 관원에게 보고한 문서에 '오문반귀선澳門番鬼船'이라는 호칭이 남아 있다.

90) 앞의 책, 638~639쪽. 1803년 9월 22일 문서와 1803년 10월 12일 문서에 문순득이 타고 온 배가 '제십일호오선第十一號澳船'이라는 내용이 남아 있다.

〈그림 26〉 문순득이 경험한 유럽형 범선 참조 이미지

는 표현은 돛의 역할과 바람과의 관계를 정확히 파악하고 있는 사람만이 이해할 수 있는 특성이다. 또한 배의 '키'가 매우 작은 이유에 대한 설명도 아주 세부적이다. 배의 크기에 비해 키가 매우 작지만, 배 밑의 구조가 이미 협소하여 물에 들어가면 키와 같은 역할하게 된다고 파악하고 있다. 배 밑이 키를 돕는 까닭에 키가 작아도 능히 견디고 있다는 설명을 하고 있다.

문순득에게는 항해에 모래시계를 사용하는 것도 매우 인상적이었다. 「표해시말漂海始末」의 기록 중 유리병으로

〈그림 27〉 문순득이 언급한 모래시계의 형태

설명하고 있는 부분에 해당한다. 본문에는 "모래가 있는 병을 위로 하고, 빈 병을 아래로 하여 두 병의 주둥이를 맞추어 위에 있는 병의 모래가 아래의 병으로 들어가게 하여 위병의 모래가 다 끝나면 줄을 거두어 이를 재어서 모래가 끝나는 시간에 배가 얼마나 갔는지 아는 것이다. 이처럼 하루에 4~5차례 하여 그날 몇 리나 갔는지 아는 것이다."라고 기록되어 있다. 모래시계를 사용하여 하루에 항해하는 거리를 파악하고 있는 내용에 대해서 자세하게 설명하고 있다.

이 배가 여송에서 광동 오문澳門으로 이동하는 데 총 11일이 소요되었다. 문순득은 유럽식 무역선을 타고 11일 동안 항해 체험을 한 것이다. 크게 보면 고국으로 돌아가기 위한 고난의 연속이지만, 평소 배를 타고 다니며 해상교역을 하던 문순득에게 이 순간은 매우 특별한 체험이었다. 장한철의 『표해록』에 나오는 다음의 표현은 당시 조선 사회에서 큰 배를 타고 항해하는 것에 대한 인식이 어떠했는지 간접적으로 보여준다.

남자로 이 섬에 태어남은 가마솥 안에 있는 고기와 다를 바 없으니, 어찌 40리 길이나 되는 서양 사람의 큰 종려선棕櫚船을 타고 사해를 두루 돌아다니면서 하늘과 땅 사이의 장관을 구경하지 않으리오.[91]

그런 의미에서 보면 문순득의 11일간의 항해체험은 표류기간에 일어난 상황이기는 하지만, 뱃사람들이 한번쯤 꿈꾸어 왔을 법한 원대한 포부를 실천하는 특별한 체험이기도 했다.

---

91) 김봉옥·김지용, 「장한철의 표해록」, 『옛 제주인의 표해록』, 전국문화원연합회제주지회, 2001, 210쪽.

점차 조선 연안에도 서양의 선박들이 하나둘 모습을 보이기 시작했다. 조선에서는 이러한 배를 칭하여 '이양선異樣船'이라고 불렸다. 19세기 초까지는 조선 해역을 찾은 이양선들은 우연히 표류했거나 지리학적인 탐사와 관련된 배들이었다. 19세기 중반부터는 직접적으로 조선에 문호를 개방할 것을 요구하는 배들이 등장하기 시작한다. 최초로 조신에 통상을 요구한 이양선은 1832년에 찾아온 영국 상선 로드 애머스트호 Lord Amherst였다.[92]

그러나 조선사회에서는 이들을 받아들일 준비가 되지 않았다. 교류의 대상이 아니라, 쇄국의 대상으로 삼았다. 문순득은 서세동점의 시기에 조선에 밀어닥친 외국의 이양선을 이미 19세기 초에 경험한 것이다. 단순히 배의 구조만 신기하게 생각한 것이 아니라, 항해와 무역과 관련된 인식을 새롭게 하였다. 그의 경험은 국가적인 차원에서도 너무나 소중한 것이다.

---

92) 박천홍, 『악령이 출몰하던 조선의 바다』, 현실문화, 2008, 215쪽 참조.

17. 성당과 천주교 문화 체험

문순득의 표류 지역 가운데 스페인 식민지였던 여송呂宋의 비간Vigan, 살루마기Salomague항과 포르투갈에 의해 개발된 오문澳門(마카오) 같은 곳은 일찍이 조선사회에서는 경험하지 못한 미지의 세계였다. 특히 이들 지역에 대한 언급에서는 19세기 초 서양문화와 동양문화가 융합되어 가는 현상을 발견할 수 있다는 것이 문순득 표류 경험이 지니는 큰 특징 중의 하나이다.

문순득의 표류 경험에서 가장 특징적인 요소를 뽑는다면 무엇보다 서양의 천주교 문화에 대한 체험이다. 정약전은 여러 나라를 표류한 후 살아 돌아온 문순득에게 '천초天初'라는 호를 지어주었다. 이강회가 지은 『운곡선설』에는 "해외 오랑캐 나라를 이 사람이 처음 봤다"는 뜻으로 지어준 것이라는 표현이 있다. 그러나 기존에 다른 표류 경험자들과 표류 기록이 존재하고 있었음에도 정약전이 문순득에게 '천초'라는 파격적인 이름을 지어준 그 진정한 의미가 주목된다. 그것은 문순득이 경험한 서구와 천주교 문화를 염두해 둔 표현이라고 판단된다. 『운곡선설』에 의하면 정약용은 문순득이 표류하고 돌아온 뒤 낳은 아들의 이름을 '여환呂還'이라 하였다. 이는 문순득의 표류 경험 중에 여송

呂宋이라는 나라에 특별한 의미를 부여 한 것으로 볼 수 있다.

문순득이 체류했던 여송의 일로코(현 일로코스 수르 비간)는 과거 스페인의 식민지 시절부터 지금까지 천주교 문화가 마을의 중심이 되어 있는 곳이다. 앞에서 지적한 것처럼 문순득은 여송呂宋의 건물을 소개하는 내용 중에 '신묘神廟'를 별도의 항목으로 두고 비중 있게 소개하고 있다. 그것은 다름 아닌 천주교 성당이었다. "신묘神廟는 30~40칸의 긴 집으로 비할 곳 없이 크고 아름다웠다"는 표현을 통해 문순득이 일반 건물에 비해 규모가 월등하게 크고 웅장한 이 성당 건물에 상당한 매력을 느꼈다는 점을 알 수 있다. "신을 모시는 대중", "신상을 모셔 놓았다"는 표현 등을 통해서 이곳이 어떤 곳인지 그 내용까지도 자세히 파악하게 되었다. "종을 치면 듣는 사람이 각자 소리에 따라 와서 예배를 드린다."는 표현을 통해서 단순히 건물의 외형만 보고 지난 친 것이 아니라, 지속적으로 그 성당 주변을 견문하였음을 알 수 있다.

이는 매우 자연스러운 현상이었다. 당시나 지금이나 문순득이 체류했던 필리핀 비간시는 이 성당 건물이 도시공간의 구조나 주민들의 생활문화에서 중심 역할을 하고 있기 때문이다. 이 지역에 체류한 사람은 이 건물을 중심으로 생활문화가 이루어지고 있는 풍경을 쉽게 접할 수 있다. 이 성당 바로 주변에 당시 스페인 사람들이 형성한 상업도시가 있고, 반대쪽으로는 원주민이 사는 마을, 필리핀에 이주한 중국인들이 사는 마을들이 형성되어 있다. 성당 맞은 편에 현 필리핀 일로코스 수르 비간 시청이 있고, 그 사이에는 광장과 공원이 자리하고 있다.

따라서 문순득은 단순히 성당 건물만 본 것이 아니고, 내부의 모습도 살펴봤을 것이다. 심지어 여송呂宋에서 생활하는 동안 천주교 사람들의 도움을 받았다. 즉, 문순득은 적어도 여송에서 체류하는 동안 천주교 문화를 경험한 것이다. 「표해시말」의 다음 구절은 그러한 정황을 뒷받침한다.

한 수도인修道人이 있었는데 본디 중국인으로 이 땅에 들어온 3세이다. 자못 넉넉하게 살았는데 채선생蔡先生[중국인으로 여기에 사는 사람인데 복건인福建人의 주인이 된다.]이 말해주어 쌀 50루簍[1루는 10말]를 보내고 또 20루를 보냈으며 또 적지 않은 은을 보냈다.

기록에 등장하는 수도인修道人이라는 표현은 천주교 성당의 수도사(혹은 신부)를 뜻하는 것이다. 「표해시말」의 여송宋 지역의 의복衣服을 설명하는 부분에서 "수도修道하는 사람은 검은 비단으로 장포長袍를 만드는데 길이는 발에 이른다."고 표현하고 있다. 이는 성당 수도사의 복장을 설명한 것이다. 또한 부록의 언어표에도 '수도인'이 나와 있고, 여송말로 '쌔릐'라고 기록되어 있다. 이것은 스페인어 'padre'의 현지 발음을 그대로 차음 한 것으로 추정된다. 신부·수도사의 의미이고, 필리핀어에서는 방언 형태로 'parè, parì'로 쓰였다.

여송呂宋에서 문순득은 나이 어린 김옥문과 함께 일행들과 떨어져 낯선 이국땅에 남겨지는 신세가 되었다. 돌아갈 배도 없고, 표류민의 생계를 책임져 주던 호송인도 사라졌다. 여송에서 생계를 직접 해결해야 하는 상황이었는데, 이때 도움을 준 사람들은 이곳에서 이주해서 정착하고 있던 중국계 화교들이었다. 그중에 '채선생蔡先生'이라는 인물이 이곳 성당의 수도인에게 부탁하여 표류인 문순득에 대한 인도적인 지원이 있었던 상황이었다. 성당에서는 쌀과 함께 적지 않은 노자돈을 보내 주었다. 그 과정에서 자연스럽게 성당을 빈번하게 출입하였을 것이고, 예배에도 동참했을지도 모를 일이다.

여송에서 중국으로 이동하기 위해 도착한 광동의 오문澳門 역시 마찬가지 상황이었다. 오문은 포르투갈이 동아시아 진출을 위해 개척한 국제 무역항이면서, 종교적으로는 천주교 전파를 위한 전초기지였다. 이곳에는 중국대륙에 최초로 건립된 성바울 성당이 자리하고 있었다. 이 건물은 1580년에 지어졌다. 그 규모가 여송의 성당하고는 비교가 되지 않을 정도로 대규모이고, 건물의 양식도 화려하다. 특히 건물의 정면에는 서양 문화와 동양문화의 융합을 상징하는 듯한 조각들이 매우 화려하게 장식되어 있다. 비록 「표해시말」에는 언급되어 있지 않지만, 90일 동안 오문에 체류했던 문순득이 이 건물을 보지 못했을 리가 없다.

문순득이 오문에 머물렀던 장소는 현재 '민정총서民政總署' 건물이 남아 있는 세나도Senado 광장 일대일 것으로 추정된다. 민정총서는 1784년에 건립된 포르투갈 정부의 오문澳門 지역 청사이다. 현재도 가장 중심시가지를 이루고 있는 '민정총서' 건물 바로 인근에 성바울 성당이 있다. 이 성당 건물은 1835년에 화재가 발생해 현재의 모습처럼 정면의 토대만 남겨놓게 되었다. 1837년 김대건 신부가 신학 공부를 하기 위해 오문澳門에 온 것이 널리 알려져 있는데, 그때는 이 성당이 이미 불에 탄 이후의 상황이었다. 문순득은 분명히 이 성당을 봤을 것이다. 이 성당이 불타기 전 완전한 모습을 본 유일한 조선인이었던 셈이다. 이 성당이 아니어도 당시 오문지역은 이미 곳곳에 천주교 성당이 건

〈그림 28〉 오문(마카오)의 천주교 성당(성바울) 현재 모습

립되고 운영되고 있었다. 때문에, 문순득이 오문澳門지역에
서도 천주교 성당을 봤을 수밖에 없는 상황이었다.

19세기 초라는 시대적 상황을 고려해 보면 문순득이 오
문澳門지역을 경험했다는 것은 더욱 특별한 의미이다. 19세
기는 열강의 동아시아에 대한 진출이 본격화되는 시기이
고, 근대화의 초입에 해당하는 시기이다. 중화사상의 근원
인 중국 영토의 일부를 서양인이 점령하였고, 그곳이 천주
교 전파의 보급처로 활용되고 있는 현장에 문순득이 서 있
었다.

18. 해양을 바라보는 근대적인 사고(思考)

문순득의 「표해시말」에는 해양을 바라보는 인식에서 기존의 다른 표류기록과 차별화되는 특징이 발견된다. 문순득은 우이도의 바닷길를 활용하여 해상교역을 하던 상인이었다. 그가 표류를 통해 외부의 세계를 경험하고, 그 문화적 특징을 인식하는 데도 바다와 밀접하게 생활하고 있었던 개인적인 성향이 반영되어 있다. 다음과 같은 몇 가지 특징이 발견된다. 첫째, 해양에 대한 적극적인 관심이 반영되어 있다. 둘째, 해상교역을 하던 상인으로서의 시각이 드러난다. 셋째, 외국 문화의 특수성에 대한 포용력이 강하다.

먼저 첫 번째 특징은 '해양에 대한 적극적인 관심이 반영되어 있다'는 점이다. 이는 해양문화를 바라보는 인식에 대한 문제이다. 국내 표류인들의 기록을 살펴보면 해양을 바라보는 시각의 차이가 분명하게 존재하고 있다. 표류자나 기록자가 가지고 있는 기본적인 입장과 처지에 따라서 해양을 인식하는 태도가 달랐음을 보여주는 것이다. 구체적으로 바다와 어떤 관계를 맺고 있는 가에 따라 그 인식태도가 다르게 나타난다.[93] 국내 『표해록』의 대표성을 지니고 있는 최부나 장한철의 경우에서 그런 특징들이 발견된다.

평소 바다의 삶과는 거리가 있었던 최부의 경우는 표류하게 된 원인부터가 뱃사람들의 해양문화를 부정하는 마찰에서 발생한 것이었다. 당시 뱃사람들은 바다 날씨가 순조롭지 않아 출항하는 것은 위험하다고 판단했지만, 상주喪主 입장인 최부는 그런 것을 따질 여유가 없었다. 다음은 출항 후 표류하기까지 과정에서 발생하는 뱃사람과 최부의 해양인식의 차이를 보여주는 대목이다.

〈사례 1〉 뱃사람과 최부의 해양인식 차이[94]

   1 - A. 표류 전 뱃사람 입장 :

      노복老僕이 섬에서 태어나 자랐기에 수로를 잘 아는데, 한라산이 흐리거나 비가 와서 일기가 고르지 않으면 반드시 바람의 변고가 있으니 배를 타서는 안 됩니다.

   1 - B. 표류 후 뱃사람 입장 :

      제주의 해로는 매우 험하여 무릇 왕래하고자 하

---

93) 이경엽, 「고전문학에 나타난 해양 인식 태도」, 『도서문화』 제20호, 목포대도서문화연구소, 2002, 102쪽.
94) 서인범·주성지 옮김, 『표해록』, 한길사, 2004. 47쪽(1-A), 51~52쪽 (1-B), 55쪽(1-C)에서 인용함.

는 자는 바람을 몇 달씩 기다립니다. 전의 경차관
도 조천관에 있기도 하고, 수정사에 있기도 하면
서 통상 대개 3개월 정도를 기다린 후에야 비로
소 갈 수 있었습니다. 그러나 지금은 비와 바람이
안정되지 않은 때 길을 떠나 하루의 날씨도 예측
하지 못하여 이 지경에 이르렀으니 모두 자초한
것입니다.

1 - C. 최부의 입장:

바다를 지나갈 때는 항상 운선인運船人과 수로를
잘 아는 사람을 엄선해야 하므로, 비록 그 수가
적다하더라도 괜찮다. 지금 이 배에 같이 탄 사람
들은 모두 게으르고 사나운 자들로 숫자만 많을
뿐이지 실속이 없어서, 배를 표류시켜 사지에 이
르게 했으니 다만 통곡만 더할 뿐이다.

해양문화에 익숙하지 않았던 최부는 뱃사람들의 항해
안전을 기원하는 제사 풍습에는 매우 냉소적이었다. 제주
에서 출발할 때도 제를 지내지 않았고, 중국에서 송환되는
과정에서도 현지인들의 풍습에 대해 그 문화적 고유성을
인정하지 않는 모습이 『표해록』의 곳곳에 남아있다. 문상
현汝上縣 지방에 있는 용왕사龍王祠에 도착했을 때의 일화는

그러한 인식의 차이를 분명하게 보여주고 있다. 당시 일행들은 북경으로 가기 위해서 중국 내륙에서도 배를 타고 이동을 하고 있었다. 용왕사龍王祠가 있는 곳부터는 강을 역류하여 항해를 해야 하는 곳이므로, 당시 호송하던 중국인들은 이곳 사당에 향을 피우고 제사를 올렸다. 항해의 안전을 기원하기 위해 최부에게도 절을 하라고 권하자 최부는 다음과 같은 반응을 보였다.

〈사례 2〉 항해안전을 기원하는 제사에 참여할 것에 대한
       최부의 반응[95]

  2-A : 나는 우리나라에 있을 때도 감히 산천의 신에게
       절하지 않았는데, 하물며 다른 나라 사당에 절할
       수 있겠는가?

  2-B : 바다를 경험한 사람에게 강 정도야 대수롭지 않
       다. 나는 이미 수만 리 큰 바다의 사나운 파도의
       위태로움을 경험했다. 이 같은 중국 내륙에 있는
       강하의 물은 두려워할 것도 없다.

---

95) 앞의 책, 340쪽(1-A), 341쪽(1-B)에서 인용함.

최부는 항해의 안전을 기원하기 위해 사당에 제사를 지내는 것은 미신이라고 생각하여, 제를 올리는 것을 강하게 부정하였다. '2-A'와 '2-B'의 사례는 다른 시각에서 보면 최부의 선비로서의 품성과 강한 기상을 보여주는 대목이기도 하지만, 반면 타 문화의 고유성과 해양에 대한 포용성이 부족한 사례이기도 하다.

장한철의 『표해록』에도 그러한 갈등 구조가 나타나고 있다. 표류하는 동안 줄곧 뱃사람들의 삶을 통한 해양지식과 장한철이 학사로서 시니는 지식이 대립 구도를 이루고 있다. 가장 상징적으로 드러난 부분은 다음과 같다.

〈사례 3〉 장한철의 『표해록』에 나타난 갈등구조[96]

3-A. 뱃사람의 입장 : 배 위에서 일어나는 일은 진실로 응당 뱃사람에게 맡겨야지, 어떻게 저 이가 저절로 지식이 많이 있겠는가?

3-B. 장한철의 입장 : 뱃사람들이 모두 어리석고 미련하여 나에게 속임을 당하고도 배 위에 일들을 명령하는 데로 곧장 따르니 가히 다행이었다.

---

96) 김봉옥·김지용, 「장한철의 유구 표해록」, 『옛 제주인의 표해록』, 전국문화원연합회제주지회, 2001, 204쪽(3 - 1), 207쪽(3 - B)에서 인용함.

장한철의 표류는 주로 해상의 배 위에서 오랜 시간을 소요했다는 특징이 있다. 유구琉球 호산도虎山島에 표착했지만 일본으로 가는 안남安南 상선에 구조되어 배를 통해 곧바로 귀국길에 올랐다. 외국 현지 문화를 체험하지 못했기 때문에 『표해록』의 주된 내용이 배 위에서 일어났던 상황에 대한 것들이 많다. 그것을 기록으로 남기는 과정에서 장한철은 '3-B' 경우처럼 뱃사람들이 지닌 해양지식이나 문화를 매우 부정적으로 묘사하고 있다. 반면 뱃사람들은 해양에 대한 입장이 달랐던 장한철의 태도에 강한 불만을 나타내고 있다.

이상과 같이 뱃사람들에 대한 부정적 시각은 해양문화에 대한 인식과 연관이 있다. 최부나 장한철의 경우 평소의 삶이 바다 생활과는 거리가 멀었기 때문에 생겨난 현상이다.

문순득이 표류했던 시대에도 해양을 바라보는 시각은 신분과 생활방식 등의 차이에 따라 크게 달랐다. 동시대 지식인들의 해양에 대한 인식이 어떠했는지는 「표류주자가漂流舟子歌」에 나오는 아래 글을 통해 발견할 수 있다.

〈사례 4〉「표류주자가」에 나타난 지식인의 해양인식[97]

흑산도 민속은 매우 어리석어　　　　黑山民俗太蠢蠢

바다에서 이익을 쫓느라니 대부분 곤궁하구려 濱海逐利多困窮

석우풍石尤風(역풍)이 어찌 다니는 사람 사랑할 리 있나

石尤何曾愛行人

만경의 사나운 물결 한없이 이네　　　　　萬頃惡浪吹不盡

일엽편주 아득히 가는 대로 놓아두니　　　　一葦茫然縱所之

떠가는 배 문득 허루신(신기루)과 같구나　　泛泛忽如噓樓蜃

길은 강절의 하늘 아득한 데로 통하였고　　道通江浙天浩渺

돛대는 오초의 산 높은 데에 떨어졌네　　　帆落吳楚山嶾嶙

일록국 사람 가죽으로 옷 해 입고　　　　　日鹿國人皮爲衣

가을바람에 새 쫓는 매처럼 용맹스럽네　　猛如逐雀秋風隼

해동의 여아는 공연히 한이 맺혀　　　　　海東女兒空結恨

누굴 위해 다시 공후인을 짓는 고　　　　爲誰更作箜篌引

네 만약 문장의 안목 갖추었다면　　　　　使汝若具文章眼

닿은 곳마다 시로써 번민 잊을 수 있었을걸 觸境有詩能排悶

원하노니 네 고향엘 가거들랑　　　　　　願汝鄕山歸去日

농가에 안식해서 농사나 힘 쓰게나　　　　安息田家服畦畛

이 글은 북경 사행록의 일종인 『계산기정』에 수록된 것

97)「漂流舟子歌」,『薊山紀程』제3권, 관사에 머물다[留館] 1804년(순조
　　4) 1월 기사에 수록된 글(한국고전종합DB [http://db.itkc.or.kr]에서
　　인용함).1

이다. 저자98)가 표류 후 북경에 도착한 문순득 외 다른 일행99)을 만나고 나서 그들을 위로하기 위해 쓴 시문이다. 당시 저자는 바다로 물고기를 구하기 위해 나갔다가 오랜 세월 표류를 한 우이도 섬 주민들의 모습을 안타깝게 여기면서, 바다에서 이익을 쫓는 짓이 매우 어리석은 것으로 표현하였다. 살아서 고향에 돌아가게 되면 바다를 떠나 농사를 업으로 살기를 권하고 있다. 이를 통해 당대 지식인 사회에서는 여전히 바다를 개척하기보다는 외면하고 있는 인식이 강했음을 알 수 있다.

그러나 문순득은 위에서 제시한 인물들과는 해양인식 면에서 많은 차이점을 지니고 있었다. 자신의 경험담을 토대로 작성된 표류기록인 「표해시말」에는 최부나 장한철의 경우처럼 해양 인식의 차이로 인한 갈등 구조는 전혀 발견되지 않는다. 오히려 자신이 체험한 새로운 해양문화가 지닌 장점을 적극적으로 수용하려고 했다. 외국의 선박에 대한 관심이 그러한 증거이다. 현재 발견된 표류기 가운데 배에 대한 항목을 별도로 구분하고 있고, 상세하게 묘사한 경우는 문순득의 사례가 유일하다. 선박에 대한 관심은 그

---

98) 『계산기정』은 정확한 필자가 확인되지 않고 있다.
99) 『계산기정』 필자가 만난 표류인들은 문순득을 제외한 여송에서 먼저 출발하여 북경에 도착한 문호겸 등 4인이었다.

의 세계인식에서 매우 중요한 의미를 지니는 것이다. 문순득이 타국의 해양문화에 많은 관심을 두고, 적극적으로 받아들이는 자세를 가지고 있었음을 상징적으로 보여주는 사례이다. 물론 그러한 관심은 정약전·이강회와 같은 실학자와의 상호 관계 속에서 나타나고 실현되었다.

두 번째, 문순득의 세계인식에는 '해상교역을 하던 상인으로서의 시각이 반영되어 있다'는 점이다. 표류는 해양문화를 통해 새로운 세계를 인식하는 과정이기도 하기 때문에 표류자 자신이 해양에 대한 어떤 입장을 가지고 있는지에 따라 타 문화를 받아들이고 인식하는 태도도 크게 달라진다고 할 수 있다. 똑같은 표류인이라도 가치관의 차이에 따라 표류를 통한 세계인식의 반응은 크게 달라진다. 일본에 표류하여 나가사키長崎항을 경험한 풍계대사楓溪大師의 사례와 문순득의 사례에서 그러한 차이점을 발견할 수 있다.

풍계대사楓溪大師는 1817년 일본에 표류하여 나가사키항長崎港을 경험한 후 그 표류기록인 『일본표해록日本漂海錄』을 남겼다. 그는 나가사키항長崎港에 도착한 후 국제항으로 발전하고 있는 모습에 많은 놀라움을 보였다. 그러나 그것을 받아들이는 인식 면에서는 문순득과 큰 차이를 보여준다. 풍계대사는 나가사키항長崎港의 풍속에 대해 다음과 같은 표현을 하고 있다.

〈사례 5〉 풍계대사의 항구도시 특성에 대한 부정적 인식[100]

　5-A : 나가사키인長崎人은 모두 상인으로 돈만 알 뿐 문
　　　　헌을 모른다.
　5-B : 지나 온 지방에 학당學堂이 하나도 없고, 책 읽는
　　　　사람이 한사람도 없다.

　『일본표해록』에서 풍계대사는 일본인의 기질과 풍속은
비교적 긍정적으로 평가하고 있지만, 상대적으로 일본의
학술과 문화에 대해서는 매우 낮게 평가하였다. 풍계대사
의 입장에서 일본의 고유문화를 인정하기보다는 평소 그의
주 관심 분야에 관한 일본의 수준에 대한 문제에 집중되어
있었기 때문이다.[101]
　그러나 유사한 항구도시를 경험한 문순득의 사례는 이
와는 매우 다른 양상을 보여준다. 표류를 당하기 전 평소

---

100) 하우봉, 「楓溪大師의 日本漂海錄」, 『표류와 동아시아의 문화교류』,
　　동아시아문화네트워크연구단 국제학술회의, 2009. 164쪽(5-A), 165
　　쪽(5-B)에서 재인용함.
101) 풍계대사의 일본인식과 관련해서는 다음 글이 참조가 되었다. 하우
　　봉, 앞의 글, 164~165쪽; 정성일, 「해남 대둔사 승려의 일본 표착과
　　체험(1817~1818)」, 『韓日關係史硏究』 제32집, 경인문화사, 2009.

해상 교역을 하던 상인이었던 문순득에게 낯선 땅에서 경험한 항구도시의 자유로운 무역 활동은 매우 인상적으로 다가왔다. 외국과 통상하는 국제무역항의 존재와 국가를 제한하지 않는 자유로운 상업 활동이 폐쇄적인 조선의 상황과 많은 대비를 이루게 되었을 것이다. 문순득의 증언을 토대로 작성된 『일성록』의 기록에는 여송의 문화적 특징에 대해 다음과 같이 서술되어 있다.

〈사례 6〉 문순득의 여송 무역상황 인식

　　다른 나라 사람이라고 하여 못하게 막는 것이 없어, 시장을 왕래하며 물건을 사고판다.[102]

시장에서 장사를 하는데 전혀 제한을 받지 않고, 자유롭게 무역활동을 하는 모습이 상인이었던 문순득에게 매우 인상 깊었다. 실제로 문순득 일행은 여송呂宋에 체류하는 동안에 "중국인들의 쌀 무역을 도와줬다"는 기록(『계산기정』)도 보이고, 「표해시말」에는 끈을 팔아서 돈을 벌었다는 내용도 등장한다. 표류인의 신분이고 이방인이었지만

---

102) 『일성록』, 1809년(순조 9) 6월 26일 命呂宋國漂人移咨盛京俾還故國 기사.

상업 활동을 하는데, 아무런 제약을 받지 않았던 것이다.

더 나아가서 문순득은 국가가 서로 다른 사람들끼리 힘을 합쳐 교역활동을 하는 상황에 대해서도 중요하게 인식하였다. 이에 대해 매우 긍정적인 평가를 하고 있다. 「표해시말」의 다음과 같은 구절이 무역활동에 대한 문순득의 인식을 보여주는 대목이다.

〈사례 7〉 문순득의 국제무역상황 인식

다른 나라는 우리나라와 달라 중국中國·안남安南·여송呂宋의 사람들이 서로 같이 살며, 짝을 지어 장사를 하는 것이 한 나라同國나 다름이 없다. 하물며 안남과 오문은 서로 그리 멀지 않고, 함께 배를 타고 함께 장사를 하니 이상한 일이 아니다.

이는 오문澳門과 같은 특정 무역항에 국가와 인종이 다른 여러 나라의 사람들이 함께 거류하면서, 무역활동을 하는 모습에 대해 묘사하고 있는 것이다. 문순득도 배를 타고 해상교역을 하던 상인이었지만, 그의 활동은 국내 연안에 국한되어 있었다. 때문에 문순득에게 이러한 상황은 누구보다 부러움의 대상이 되었는지 모른다. 외국의 무역활동 상황에 대해 비교적 정확한 분석을 하고 있으며, "우리나라하고 다르다"는 표현에서 국제적인 무역형태에 대해 매우 긍정적인 인식을 하고 있음을 알 수 있다.

이처럼 풍계대사와 문순득은 표류를 통해 국제 무역항이라는 유사한 조건의 문화를 경험하게 되었지만, 그것을 인식하고 받아들이는 자세에는 많은 차이가 있었다. 이러한 특징은 결국 문순득이 해상에서 여러 지역을 돌아다니며, 교역활동을 하는 상인이었기 때문에 지니는 바다와의 밀접한 관계성에서 출발한 것이다.

세 번째 문순득의 세계인식에서 나타나는 또 하나의 특징은 '외국문화의 특수성에 대한 포용력'이다. 대개 유구琉球와 같이 조선보다 문화적수준이 낮은 지역이라고 인식되는 곳으로 표착한 사람들의 기록에는 그 지역의 문화를 다소 저급하게 바라보는 시각들이 발견된다. 이는 타문화에 대한 이질감에서 생겨나는 현상이며, 대부분 표류자의 눈에 비쳤던 현상 그대로만을 기록에 남겨놓는 경우가 많기 때문이다. 이와 관련된 면에서도 문순득의 세계인식은 매우 남다른 것이다. 유구표류기 가운데 그 내용이 가장 상세하고 문순득의 기록과 견줄 수 있는 사례로는 김비의金非衣[103]의 표류기가 있다.

---

103) 김비의의 표류기록은 『조선왕조실록』 1479년(성종 10) 6월 10일(을

시대적인 차이가 있기는 하지만, 기본적으로 유구문화를 바라보는 시선에서 김비의와 문순득 사이에는 많은 차이점이 있다.[104] 김비의의 유구에 대한 표류 기록은 대부분 유구사람들의 식생활문화와 관련된 내용들이 주를 이루는데, 조선의 문화와 비교해서 유구 문화가 저급하다는 시선이 전반에 깔려 있다. 다음은 유구에 표류했던 김비의의 기록에 나오는 표현들이다.

〈사례 8〉 유구 생활문화에 대한 김비의의
인식(저급함)[105]

8-A : 집에 뒷간이 없고 들에서 용무를 본다.

8-B : 나라 사람들이 모두 맨발이며, 신을 신지 않는다.

이에 반해 문순득의 표류기에는 이러한 시각이 거의 나타나지 않고 있다. 유사한 언급이 있기는 하지만 타 문화에 대한 자신의 해석을 첨언하고 있다는 것이 문순득의 인

미) 기록에 상세하게 수록되어 있다.

104) 물론 둘 사이에는 시대적인 차이와 함께 대필한 사람의 인식의 차이가 분명히 존재했을 것이다. 그러나 경험자 개인의 구술도 중요한 역할을 했을 것이다.

105) 김봉옥 · 김지용, 앞의 책, 「김비의 유구표류기」, 8쪽(8-A)과 14쪽(8-B)에서 인용함.

식에서 나타나는 특징이다. 다음은 「표해시말」에 소개 된 유구의 풍속 가운데 식사예절과 관련된 표현이다.

〈사례 9〉 유구 음식문화에 대한 문순득의 인식(고유성)
　　다른 사람과 음식을 먹을 때 젓가락으로 반찬을 집어서 손바닥에 놓고 입으로 빨아 먹는다. [젓가락이 입에 들어가 더러워지는 것을 싫어했다]

　　문순득의 「표해시말」 가운데 이 부분이 유구 문화의 서속함을 언급한 것으로 볼 수 있는 유일한 곳이다. 음식을 손바닥에 놓고 입으로 빨아먹는다는 표현만 보면, 유구 문화의 저급함을 표현하는 다른 기록들과 별 차이가 없다. 그러나 문순득은 그 이유에 대해 자신이 인식한 내용을 첨가하고 있다. 유구의 음식문화에는 다음과 같은 특징이 있다. 젓가락 자체를 사용하지 않는 것이 아니라 여러 사람이 함께 음식을 먹을 때 각자 사용하는 젓가락이 입에 들어갔다 나온 채로 공동으로 먹는 음식을 휘젓게 되면 위생적으로 오히려 좋지 못하다고 유구 사람들은 생각했다. 때문에, 반찬을 뜰 때는 젓가락을 사용하고, 입에 넣을 때는 자신의 손을 사용하는 것이 유구琉球의 음식문화가 갖는 특징이다. 이러한 문화특징을 이해했던 문순득은 그 이유에 대해 "젓가락이 입에 들어가 더러워지는 것을 싫어했다"고 자신이 해석하고 받아들인 내용을 덧붙이고 있는 것이다. 이러한 표현 방식은 문순득의 뛰어난 관찰력과 상대 문화를 받아들이는 포용적인 인식 태도에서 기인한 것이다.

김비의는 유구의 문화를 미개한 생활풍습으로 받아들였고, 문순득은 독특한 생활풍습으로 받아들였다는 차이점이 보인다. 문순득은 「표해시말」이 구술되는 과정에서 단순히 자신의 눈에 비친 현상들을 그대로 전달하는데 그치지 않고, 타 문화의 상대성을 이해하고 분석한 자신의 생각을 표현하려고 노력했다. 곳곳에서 그러한 면모를 발견할 수 있다.

〈사례 10〉「표해시말」에 나타난 타문화에 대한 문순득의 인식

  10-A : 여송인의 바지 - 귀인의 바지는 아래로 버선과 잇대어 하나로 되어있고 몹시 좁아서 겨우 정강이가 들어간다. 중요한 곳 앞에는 두터운 면을 댄다.[하체가 볼록하게 드러나는 것을 싫어하는 것 같다]

  10-B : 여송인의 배 - 뜸집은 유구琉球와 같고 키의 꼬리

는 바로 세워서 올리거나 내릴 수 없고 매우 작다.[배 밑이 이미 협소하여 물에 들어가면 키와 같아서 배 밑이 키를 돕는 까닭에 키가 작아도 능히 견디는 것이다]

여송呂宋의 귀인들이 바지에 두터운 면을 덧대는 이유, 여송의 배에서 '키'의 크기가 배에 비해 작은 이유 등을 그 문화적 특징을 바탕으로 이해하고 받아들이고 있다. 이처럼 타 문화의 상대성을 받아들이는 자세와 그것을 나름대로 분석하려는 자세를 갖추고 있었다.

19. 표류를 통한 세계인식의 성장

문순득이 표류했던 시기에 한·중·일 동아시아 삼국은 명·청 시대 해금정책의 영향을 받아 기본적으로 바다를 통한 대외 교역활동을 금하고 있었다. 그러나 국제 사회의 변화에 따라 그 양상이 조금씩 달라지기 시작했다. 동남아시아 지역에 스페인·포르투갈·네덜란드 등 서양세력들이 제각기 근거지를 마련하고, 아시아 대륙으로 진출을 시도하고 있는 양상이었다. 이와 관련하여 일본은 나가사키長崎

를 활용하여 서양의 문물이 들어올 수 있는 통로를 마련하였다. 청조는 마카오澳門 같은 특수 지역을 두어 최소한 숨통이 열려있는 상황이었다. 청조 해금 정책의 원인이었던 대만의 정씨 저항세력들이 진압된 후 1684년부터 해금 체제를 완화하여 연안의 상선들이 외국으로 직접 교역활동을 하는 것을 허락[전해령展海令]하는 시대적 변화가 일어나고 있었다.106)

그러나 조선만은 여전히 그러한 국제적 흐름의 변화에 순응하지 못하고 있었다. 일본과의 교류를 위한 왜관倭館을 제외하고, 서양인의 문물을 수용할 수 있는 준비가 이루어지지 못했다. 조선사회의 세계인식은 매우 협소하였고, 서세동점西勢東漸의 시대가 도래하는 국제적인 흐름을 깨닫지 못하였다. 당시의 세계인식은 바닷길을 통해서 확산되어 갔는데, 조선은 바닷길이 막혀 있었기 때문에 세계인식의 탄력성이 부족했다.

조선전기만 하더라도 바닷길을 통한 보다 넓은 세계에 대한 중요성을 인지하고 있었다. 적어도 동북아시아와 동남아시아를 아우르는 해양세계에 대한 문화 인식이 존재하

---

106) 翦伯贊, 『中國全史』 下, 학민사, 1990, 279~280쪽; 강진아, 「16~19세기 동아시아무역권의 세계사적 변용」, 『동아시아의 지역질서』, 창비, 2005 참조.

였다. 1471년(성종 2)에 신숙주가 편찬한 『해동제국기海東諸國記』는 그러한 시대적 상황을 상징적으로 보여준다. 『해동제국기海東諸國記』의 발행 당시만 해도 조선시대에 동아시아 해역과 해양 네트워크를 통한 세계인식의 개념이 존재했다. '해동海東'이라는 이름은 한반도 남단에서 일본, 유구琉球를 포함하여 동북아시아의 발해나 동남아시아 빨렘방(인도네시아 수마트라 남부)을 포함하고 있다. 이를 통해 조선시대 초기만 해도 바다를 통한 해양 네트워크에 매우 중요한 의미를 두고 나름대로 관심을 가서냈다는 짐을 알 수 있다.[107] 조선의 해양인식은 조선후기로 갈수록 중국 해금정책의 영향과 왜구문제, 천주교와 서학에 대한 거부감 등이 겹쳐지면서 해양활동에 대한 긍정적인 인식이 점차 소멸되어 가는 양상이었다.

이런 상황에서 발생한 조선후기의 '표류'사건은 개인적으로 보면 해난海難사고지만, 문화적으로 보면 외국의 문물과 변화양상을 경험할 수 있는 문화교류의 사례가 되기도 한다. 표류인들의 경험담은 세계인식의 확대라는 측면에서도 소중한 가치를 지니고 있다.

---

107) 홍석준, 「동아시아의 해양세계와 항구도시의 역사와 문화」, 『도서문화』 29호, 목포대도서문화연구소, 2007, 415쪽을 참조하여 재인용.

당대의 세계인식은 곧 해양에 대한 인식과 밀접한 관련이 있다. 보다 넓은 세계와의 교류는 바다 건너 다른 세상의 존재에 대한 인식의 의미를 담고 있기 때문이다. 문순득의 표류 과정은 19세기 초 동아시아의 해양세계를 경험하는 과정이었다. 해금정책으로 타지역의 해양문화에 대한 인식이 부족했던 조선후기 사회에서 문순득의 표류 경험은 무섭게 변모하고 있는 외부 세계에 대한 인식이라는 측면에서 중요한 의미를 지니고 있다.

문순득은 고향인 우이도에서 대흑산도를 비롯한 인근의 섬과 육지를 항해하며 중계무역을 하던 사람이었다. 평소의 해상 교역활동을 통해 누구보다도 해양에 대한 인식과 시각이 남달랐을 것이다. 그러나 표류를 경험하기 전 문순득의 해양인식은 한정된 국내 연안의 테두리 안에 머물러 있는 상황이었다. 문순득은 더 넓어진 바닷길을 경험했다. 평소 그가 체험하는 바닷길은 우이도를 중간 거점으로 하여 대흑산권과 한반도 서남연안지역을 연결하는 해로에 한정되어 있었다. 표류를 계기로 한 문순득의 바닷길 체험 확대는 곧 해양세계에 대한 인식이 보다 넓어짐을 의미한다. 국내 항로에서 국제 항로로의 체험 확대는 세계인식의 확대와 결부되는 것이다.

문순득은 표류를 통해 당시 동아시아의 국제항으로 번

성하고 있던 여러 항구도시를 경험하였다. 항구도시는 육지와 바다 사이에서 사람, 물자, 정보의 흐름을 관장하는 기능을 하고, 해역과 해역 사이의 네트워크를 활성화시킨다. 이를 통해 육지와 바다 사이에 경제적, 문화적 상호보완 관계가 맺어질 수 있었으며, 시대의 변화와 함께 해양 네트워크의 교역 경로와 거점, 범위, 중심인물, 취급 상품의 종류 등에도 큰 변화가 나타난다.[108]

문순득의 표류 노정에 포함되는 도시들은 특히 국제적인 성격이 매우 강한 지역이었다는 특징을 지닌다. 주요 도시의 특징은 다음 〈표 3〉과 같다.

〈표 3〉 문순득이 경험한 주요 도시의 국제성

구분	특성	거류인 유형
나하那覇	유구와 중국 복건, 여송 등을 연결하는 국제항	유구, 중국, 일본, 서양
비간Vigan	여송과 광동지역을 연결하는 유럽형 상업도시	스페인, 여송, 중국
마카오澳門	서양과 중국, 동남아와 중국을 연결하는 국제항	포르투갈, 중국, 여송

108) 홍석준, 앞의 글, 415쪽.

유구는 이전부터 다른 조선인들이 표류를 통해 체험한 사례가 있는 지역이지만, 여송의 비간이나 오문은 현재 확인된 바로는 문순득이 최초의 사례이다. 특히 비간은 스페인이 여송呂宋을 지배하면서 건설한 상업도시로 발달되어 있었던 곳이고, 오문은 포르투갈이 개발하여 유럽과 아시아를 연결하는 국제항이었다. 문순득의 표류 경험은 보다 넓은 해양과 국제 세계에 대한 인식의 확산이라는 의미에서 더욱 특별한 것이다. 지역적으로는 동남아시아를 벗어나지 못했지만, 문화적인 면에서는 서구세계의 문화를 인식할 수 있었다는 것이 문순득 표류의 중요한 특징이기도 하다.

　문순득의 표류 경험은 사회상의 변화와 관련된 면에서도 중요하다. 문순득이 표류할 당시 조선의 사회상은 해외무역이 금지되어 있고, 서학과 천주교에 대한 거부 반응이 매우 강했던 시기이다. 전체적으로 사대교린과 쇄국의 분위기가 유지되고 있는 사회였다. 반면 표류 후에 체류하게 되는 지역들은 다양한 특징이 있었다. 해외 무역이 가능하여 국가와 인종을 구분하지 않는 무역체제가 활성화되고, 서학과 천주교가 보급되어 있었다. 반면 여송呂宋의 경우처럼 식민지 지배 체제에 해당 되는 지역도 있었다.

　문순득이 표류를 통해 세계인식이 확장되었음을 가장

극명하게 보여주는 사례는 조선에 표착한 여송인에 대한 인식과 관련된 부분이다. 문순득은 험한 표류 노정을 겪으면서, 각국의 국제관계에 따라 달라지는 표류인에 대한 대우와 송환체제를 경험하였다. 이를 통해 국제관계의 중요성에 대해서도 피부로 느끼게 되었고, 그를 통해 세계인식의 확장이 이루어졌다. 그 결과 문순득은 표류인에 대한 조선의 관대하지 못한 정책을 비판하는 수준까지 그 인식의 폭이 확대되었다.

1801년 여송인들이 제주도에 표착한 사건이 발생했는데, 당시 조정에서는 이들이 어느 나라에서 온 사람인지 조차 확인하지 못한 상태였다. 이 상황에 대해 문순득은 다음과 같이 표현하고 있다.

내가 나그네로 떠돌기 삼년, 여러 나라의 은혜를 입어 고국으로 살아 돌아 왔는데 이 사람은 아직도 제주에 있으니, 안남과 여송인이 우리나라를 어떻게 말하겠는가. 정말 부끄러워서 땀이 솟는다.

이는 문순득이 살아서 고국에 돌아 왔을 때 자신이 표류하기 전부터 조선에 표착해 있었던 여송사람들이 여전히 송환되지 못하고 있음에 대한 한탄이다. 자신은 외국을 떠돌면서 여러 나라의 도움을 받고 무사히 고국으로 돌아왔는데, 정작 국내에 표류해 온 여송인들은 수년째 그들이 '여송인'이라는 사실조차 확인되지 못한 현실에 대한 비판을 담고 있다. 공교롭게도 문순득은 여송呂宋에서 오문澳門으로 이동할 때 이들과 같은 여송상인들의 무역선을 타고 샀다. 여송인들의 도움을 받아 살아 돌아 올 수 있었던 문순득에게 9년 동안 자기 나라로 돌아가지 못하고 있는 조선에 표류한 여송인들의 현실은 매우 참담한 것이었다. 오랫동안 귀향하지 못한 여송인에 대한 안타까운 마음도 담겨있지만, "여송인이 우리나라를 어떻게 말하겠는가"라는 표현처럼 국제관계를 더 중요하게 의식하고 있는 발언임을 알 수 있다. 조선에 대한 타국의 인식이 부정적으로 비쳐지는 것을 염려하고 있는 것이다.

문순득은 표류경험을 통해 표류인 송환 문제가 그 나라의 국제관계와 외교 문제에 밀접한 연관이 있음을 몸소 체험하였다. 또한 여송呂宋과 오문澳門의 사례처럼 점점 국제화되어가고 있는 세계 무역의 추세도 실감하게 되었다. 이러한 흐름에 우리나라가 발맞춰나가지 못하고 있다는 점을 한탄할 정도로 문순득의 세계인식은 확대되었고, 그 속에 국제적인 감각이 나타나고 있음을 알 수 있다.

20. 제주도에 표류한 여송인의 송환을 돕다

표류인은 당시 해외 정보가 어두웠던 조선 조정朝廷 입장에서는 다른 나라와 관련된 정보를 축적해 갈 수 있는 수단이기도 했다. 국가 차원에서 문순득의 경험담을 별도로 조사해서 보고서를 작성한 내용은 확인되지 않는다. 다만『조선왕조실록』,『일성록日省錄』,『동문휘고同文彙考』,『통문관지通文館志』등에서 그 이름이 확인된다. 제주에 표착한 여송인을 송환하는 문제와 관련하여 문순득의 표류 경험이 활용되는 상황이었다.

미약하나마 문순득의 표류경험이 당시 조정에 어떤 영향을 주었는지 확인할 수 있다. 당시 조선은 여송이라는 나라 자체를 인식하지 못하고 있었다.

1807년 8월 10일『조선왕조실록』[109]의 내용을 토대로 관련 사건의 발단을 정리하면 다음과 같다.

〈여송인의 제주 표착 사건 개요〉

　◦ 여송인의 제주 표착 : 1801년 8월에 이국인異國人 5명이

---

[109]『조선왕조실록』순조 10권, 7년(1807) 8월 10일(기묘) 2번째 기사, 제주 목사 한정운이 표류인을 송환시켜 달라는 치계.

제주에 표류해 옴.

◦ 경과 : 1801년 10월에 중국 성경盛京에 입송入送, 1명이
　　　　도중에 병사.

◦ 중국에서 도로 출송出送시켜, 4명이 제주로 돌아옴.

◦ 1805년 1명이 병으로 죽음.

◦ 여송인의 반응 : 언제나 '믹가외㖦可外'라 일컫으며, 멀리
　　　　　　　　동남쪽을 가리켜 보임.

◦ 조선의 대응 : 글과 말이 모두 능히 통하지 않아 어느
　　　　　　　나라 사람인지 확인 못함.

◦ '막가외'란 나라 이름은 일찍이 들은 적이 없음.

◦ 유구에서 표류해 온 사람들에게 같이 데려 갈 것을 권
　　하나 거절됨.

　1801년 가을 여송인 5명이 표류하여 제주에 도착하였는
데, 말이 통하지 않아 어느 나라 사람인지 알 수가 없어
자기 나라에 되돌려 보내지를 못했다. 조정朝廷에서는 중국
을 통해 송환시키기 위해 무작정 성경盛京110)으로 보냈다.
그러나 북경까지 가지도 못하고, 그곳에서도 신분 확인이

---

110) 遼寧省 瀋陽의 奉天을 칭함. 조선에 표착한 중국인들을 육로로 송환
　　하는 경우 성경을 통하는 것이 관례였다.

안 되었다는 이유로 다시 조선으로 되돌려 보내졌다. 1802
년 성경盛京에서 보낸 예부禮部 자문咨文에 다음과 같은 이
유가 기록되어 있다.

이국난민夷國難民의 용모와 복식이 다르고 말도 통역할
수 없으니, 만약 육로로 연경燕京에 보낸다 하더라도, 또한
확실히 어느 나라 사람인지 알 수가 없어 사세로 보아 반
드시 조사를 위해 왕복하게 될 것이고, 때가 될 때까지 기
다리며 의심하면서 머뭇거리는 것은 아마도 먼 지방 사람
을 편안하게 하는 뜻이 아닌 듯하다. 그 난이難夷들을 조사
하되, 어느 곳에서부터 바람을 만났는가 하는 것은 반드시
수로의 방향으로 기억하고 있을 것이니, 만약 배와 식량을
대주고 온 자취를 가리켜 보여, 그 나라 경계에 이르도록
보내 준다면 비교적 순리에 맞고 편할 것 같다. 이에 그대
로 돌려보낸다.

조선에서 여송인들을 성경으로 올려보낼 때 그들의 신
분과 돌아갈 지역 등에 대한 내용을 정확하게 확인한 후
올려보내야 하는데 그렇지 못했다. 그래서 조선으로 다시
되돌려 보냈는데 그 과정에서 제주도에 표착했던 여송인 5
명 중 2명은 중도에 사망하였고, 제주도에는 3명이 남겨져

있는 상황이었다.

문순득은 표류를 통해서 여송 지역을 경험했다. 표류 되기 전에 이미 이 여송 사람들의 우리나라 표착에 대한 소식을 접하고 있었다. 「표해시말」에는 1801년 11월 집에 있을 때 들었다고 기록하고 있다. 이때는 문순득이 출항하기 한 달 전의 일이었다. 그 후 문순득은 유구에 표류했다가 중국으로 가는 도중에 다시 표류해서 여송 지역을 다녀오게 되었다. 이후 문순득이 여송에 표류해서 그 나라의 언어를 기록한 것이 있다는 것이 조정에 알려지면서, 여송인을 심문하고 확인하는데 활용되었다. 『조선왕조실록』 1809년 6월 26일 기사에 다음과 같이 기록되어 있다.

나주 흑산도 사람 문순득이 표류되어 여송국呂宋國에 들어갔었는데, 그 나라 사람의 형모形貌와 의관衣冠을 보고 그들의 방언方言을 또한 기록하여 가지고 온 것이 있었다. 그런데 표류되어 머물고 있는 사람들의 용모와 복장이 대략 서로 비슷하였으므로, 여송국의 방언으로 문답하니 절절이 딱 들어맞았다. 그리하여 미친 듯이 바보처럼 정신을 못 차리고서 울기도 하고 외치기도 하는 정상이 매우 딱하고 측은하였다. 그들이 표류되어 온 지 9년 만에야 비로소 여송국 사람임을 알게 되었다.[111]

문순득의 표류기록에 등장하는 여송국의 방언으로 이들과 문답問答하니 딱 들어맞았다는 것이다. 그러자 "여송국에서 표류해 온 사람들이 감격에 겨워 미친 듯이 정신을 못 차리고서 울부짖었다"고 하는데, 그 결과 비로소 여송국 사람임을 알게 되어서 이 사람들을 자신들의 나라로 되돌아갈 수 있도록 조치했다고 한다. 이때가 여송인들이 우리나라에 표류한지 9년만의 일이었다. 조선이 표류인을 송환하는 데 있어서 국제적인 감각이 얼마나 뒤 떨어져 있었는가를 보여주는 대목이다. 한편 문순득의 표류경험이 조정에게까지 알려졌으며, 표류인을 심문하는 데 활용되었다는 점은 매우 주목할 부분이다. KBS 역사스페셜(홍어장수 문순득의 표류가 세상을 바꾸다, 2009)에서는 문순득이 여송사람들을 직접 만나서 증언을 한 것처럼 묘사되었는데, 세부 기록을 보면 관련 자료를 제공한 것으로 판단된다. 직접 제주에 갔다는 내용은 사료에서는 확인되지 않는다.

한편, 흥미로운 사실은 문순득이 귀국 후 정약전이 집필한 「표해시말」의 존재를 조정에서 알고 있었던 것으로 추

---

111) 『조선왕조실록』 순조 9년(1809) 6월 26일(을묘) "여송국의 표류인을 송환시키라 명하다".

정되는 내용이 『일성록』에 포함되어 있다는 점이다.

　　임술(1802)년에 나주목 흑산도 문순득 등 여섯 사람이
　여송국으로 표류되었는데 그 일을 적어놓은 표해록漂海錄으
　로는 그대로 믿기가 어려워 나주목에 사실을 갖추어 공문
　을 보내었더니 나주목에서 답신이 오기를…112)

　위의 기록을 보면 문순득이 여송呂宋에서 표류되어 돌아
온 후 그 일을 적어 놓은 표해록漂海錄이 있었다고 되어 있
다. 정약전이 대필한 「표해시말」을 칭하는 것으로 보인다.
그런데 조정의 관료들은 그 내용을 믿지 못하였다. 당시로
서는 문순득의 표류경험이 쉽게 믿어지지 않았던 모양이
다. 이는 표류기록을 바라보는 관료들의 지극히 일반적인
시각이다. 표류기록에는 당시 조선사회로서는 전혀 파악할
수 없는 정보들이 많았기 때문이다. 심지어 유구에 표류한
제주인들과 문답한 내용을 기록한 「제주표인문답기濟州漂人
問答記」의 경우는 기록을 한 저자 자신도 표류인들의 증언
을 믿지 못하겠다는 표현을 다음과 같이 남겼을 정도이다.

---

112) 『일성록』 1809년 6월 26일 「命呂宋國漂人移咨盛京俾還故國」 기사.

대개 그들의 경로에 복건, 광동, 오吳, 초楚의 땅을 거쳐 온 것은 믿을 만하였으나, 해외의 표류인으로 외번外藩의 사행使行에 붙여 오는 자들에게 그들의 마음대로 구경하기를 허락하지는 않았을 것이다. 또한 그 말한 것이 사첩史牒에 기록된 것과 차이가 많으니, 이것은 반드시 소문에 얻어 들은 것이 많아서 허풍을 치는데 지나지 않을 뿐이다.[113]

이처럼 당시 관료들은 표류인들의 경험담을 허풍으로 간주하는 경향이 있었기 때문에 쉽게 믿지 않았고, 신중한 입장이었다. 그래서 다시 나주목에 문순득의 표류와 관련된 사실관계를 정확하게 조사해서 올려 보내라는 지시를 하고, 나주목에서는 문순득의 표류경과를 재조사하여 답신을 보낸 것이다. 1809년 6월 26일 『일성록』 기사의 이후 내용에는 문순득이 표류하여 여송呂宋을 거쳐 송환되기까지의 과정이 서술되어 있다. 그러면서 표착해 온 이방인들이 여송呂宋 사람인지 확인하기 위해서는 문순득의 기록을 이용하라는 조언을 하였다. 아래 내용이 그러한 정황을 뒷받침하고 있다.

---

113) 『燕轅直指』 제3권, 留館錄 상, 1832년(순조 32) 12월 19일~30일, 「濟州漂人問答記」.

그곳 방언方言으로 그 사람들에게 물어보면 알 수 있는 단서가 있을 것이다. 그래서 그 나라 말과 음을 뒤에 적어 보내니 이것을 가지고 문답해 보면 알 수 있을 것이다고 하였다. 그래서 나주목에서 회답한 공문을 가지고 표류하여 머물고 있는 세 사람을 불러들여 시험 삼아 그 나라 말로 문답을 해 보았더니 구구절절이 들어맞아 마치 미친 사람처럼, 바보처럼 울다가 부르짖는 모습이 진실로 매우 가엾고 불쌍하였다. 또한, 문순득 등이 광동성를 경유하여 북경을 거쳐 고국으로 살아 돌아온 것을 보면 중국에서 인물이 왕래하고 물화物貨가 서로 통하는 것을 뚜렷이 알 수 있으니 … 114)

결국 조정에서는 문순득의 표류 경험과 그 기록을 활용하여 여송인의 심문에 성공할 수 있었다.115) 위의 『일성록』 기사에서 더 주목되는 중요한 부분은 문순득이 여송에서

---

114)『일성록』 1809년 6월 26일 「命呂宋國漂人移咨盛京俾還故國」 기사 中에서 인용,
115) 한편, 정약용이 기록한 『사대고례』「해방고」에도 이 사건과 관련된 내용이 상세하게 소개되어 있는데, 이 기록은 실록이나 일성록의 내용과는 조금 다르다. 문순득이 함께 여송에 표류했었던 사람을 제주로 보내서 그들이 여송사람임을 직접 증언하게 만들었다는 표현이 등장하고 있다.

살아올 수 있었던 것이 광동성을 경유해서 북경으로 왔기 때문에 중국 광동성과 여송이 '사람과 재물'의 왕래가 있는 곳이라는 사실을 유추하고 있다는 점이다.

이는 문순득의 표류경험을 통해서 '여송'이라는 곳과 중국 '광동'이 서로 바닷길을 통해 교류가 되고 있다는 사실을 조정에서 처음으로 인식하게 되었음을 시사한다. 당시 조선 사회에서는 '여송'이라는 나라에 대한 인식이나 그 문화의 특성에 대해서 전혀 파악하지 못했는데, 문순득의 표류경험을 계기로 '여송'이라는 미지의 나라에 대한 세계인식이 생기기 시작한 것이다. 이 기사의 내용 속에는 문순득의 표류노정을 이야기 하면서, '서남마의'·'일로코'·'오문' 등 당시 조선사회에서 매우 생소한 다른 나라의 지방에 대한 이름들도 언급되고 있다.

더불어 여송의 풍속에 대해서도 기록되어 있다. 특히 여송사람들이 은전銀錢을 사용하는 것이나, 이 나라에서는 다른 나라 사람이라고 하여 못하게 막는 것이 없어 시장을 왕래하며 자유롭게 물건을 사고판다는 문순득의 증언이 들어 있는 점이 주목된다.116) 이는 문순득의 경험을 통해 국

---

116) 『일성록』, 앞의 기사, "呂宋風俗皆用銀錢", "他國人不爲防禁市上往來買賣".

제 항구도시의 특징에 대한 부분이 조정에까지 간접적으로 전달되고 있음을 알 수 있는 부분이다. 이상과 같이 문순득의 표류 경험은 조선 조정朝廷에도 인식되고 있었고, 미약하나마 영향을 주었다.

21. 표류 경험의 전파와 의의

문순득 표류경험의 특징은 섬에 유배 온 실학자 정약전에 의해 기록으로 남겨지고, 정약용과 이강회 등에게도 전파되었다는 사실이다. 이는 그가 '섬'이라는 공간에서 살았던 상인이었기 때문에 가능한 일이었다.

조선시대에 우이도는 유배지로 활용되었다. 우이도가 소흑산도로 불리며, 대흑산도와 같은 권역으로 인식되어 흑산도에 정배된 유배인이 우이도에서 생활하는 것이 가능했다. 이러한 현상은 몇몇 사람들의 사례가 아니라 대부분 유배인들의 공통적인 상황이었다. 1768년부터 1771년까지 우이도에서 유배생활을 했던 김약행金若行은 다음과 같이 기록하고 있다.

지금 우이도에 별장別將이 거주하는 진鎭을 설치하여 또
한 소흑산小黑山이라 칭하니, 조사朝士로 귀양살이 온 자들
은 모두 우이진에 자리를 잡고 살게 된다.[117]

우이도에도 수군진이 있어서 유배인을 관리할 수 있었
기 때문에 우이도에서 유배인이 거주하는 것이 인정되었
다. 상황에 따라 비교적 자유롭게 우이도와 대흑산도를 오
가면서 유배생활을 하기도 했다. 정약전과 최익현이 그런
경우이다. 최익현은 처음에 우이도에 살다가 나중에 대흑
산도로 옮겼는데, "귀양 와서 흑산에 사는 사람은 대흑산
이나 소흑산이나 자기 편의대로 하였다."는 기록이 남아
있기도 하다.[118] 정약전의 경우 1801년 겨울(11월 말) 흑
산도로 정배定配 명령을 받은 후 처음에는 우이도에서 생
활을 하였고, 1805~6년 무렵 대흑산도로 이주하였다가 나
중에 다시 우이도로 옮겨와서 1816년 6월 6일 생을 마감
하였다.

조선후기에 유배인이 보내진 섬은 제주도 · 진도 · 거제도
등 다양했는데, 흑산도도 유배지로 활용된 대표적인 섬이

117) 金若行, 「遊黑山記」, 『仙華遺稿』, 목민, 2005, 273쪽.
118) 최익현, 『국역 면암집』 3, 솔, 1997, 77쪽 연보.

었다. 특히 흑산도 유배지의 한 영역인 우이도는 공간적인 특성상 다른 지역에 비해 유배인과의 친밀도 면에서 차이점이 있다. 우이도는 섬 자체도 작고, 특히 유배인들이 거주했던 '진리'라는 마을은 한정된 공간에 촌락이 형성되어 있다. 다른 섬에 유배인이 보내졌을 때 유배인과 마을 주민들이 교류하는 상황과 우이도의 경우는 그 양상이 조금 달랐을 것이다. 우이도에 누군가가 유배를 오게 되면 거의 모든 마을 사람들이 그 사실을 파악하게 되고, 좁은 공간 구조상 마을 주민들과의 교류는 더욱 밀접했을 것이다.

아무리 높은 관직을 지낸 명문가의 사람이라도 외딴 섬에 유배를 오게 되면 그 지역 주민들의 도움을 통해 고난한 유배지에서의 생활을 견뎌야 했다. 우이도에서는 문순득 집안인 남평 문씨들이 바로 그러한 도움을 줬던 것 같다. 우이도에 사는 문씨들은 해상교역 활동을 통해 부를 축적하고, 지역에서 나름대로의 기반을 지니고 있었다. 정약전도 그러했고, 보다 더 후대에 유배 왔던 최익현의 경우도 우이도에 들어가서 처소를 문인주文寅周이라는 사람의 집을 사용했다는 기록[119]이 전한다.

1801년 11월 말경부터 문순득이 살던 진리 마을에 정약

---

119) 최익현, 앞의 책, 68쪽.

전이 유배생활을 시작하였다. 문순득이 표류한 시기가 그해 12월이니 어쩌면 표류되기 전 이미 문순득의 존재를 정약전은 파악하고 있었는지도 모른다. 우이도에서 정약전이 문순득의 집에서 거처했는지 여부를 확인할 수 없지만, 매우 밀접한 관계에 있었다. 정약전이 문순득에게 '천초天初'라는 별칭을 붙여준 것이 그러한 관계를 반영한다.

문순득의 독특한 표류경험담을 가장 먼저 수용한 사람역시 정약전이었다. 1801년 12월 출항하였다가 표류 된 문순득이 살아 돌아오자, 정약전은 그의 체험담을 바탕으로「표해시말」을 집필했다. 정약전은 문순득의 경험을 매우체계적으로 구분하여 기록에 담아내었다. 특히 다른 표류기와는 다르게 견문한 내용을 풍속·의복·해박·토산·언어 등으로 구분하여 정리한 것도 문순득의 표류 경험을 구체적으로 분석하려고 노력한 결과이다. 정약전이 「표해시말」을 집필한 것 자체가 문순득의 표류경험이 지닌 가치를중요하게 인식하고 수용한 결과물이다.

정약전과 문순득의 교류는 바다 건너 강진에서 유배생활하고 있는 정약용에게까지 연결되었다. 당시 강진에서유배생활을 하고 있는 정약용도 문순득의 표류경험을 잘파악하고 있었다. 심지어 문순득의 아들 이름을 정약용이지어줬다는 기록(「운곡선설」)도 남아 있다. 문순득이 표류하고 돌아온 뒤 비로소 자식 하나를 낳았는데 아비의 재기를 이어받았다는 의미로 정약용이 이름 하기를 '여환呂還'이라 하였다. '여환呂還'이란 단어에는 여송에서 무사히 살아 돌아왔다는 의미를 담고 있는 것으로 볼 수 있다. 문순득의 자字는 정약전이 짓고, 그 아들의 이름은 정약용이 지어준 것으로 보아 두 형제와 매우 긴밀한 교류 관계에 있었던 사이였다.

정약용이 문순득의 표류경험을 수용하고 활용한 사실은 그의 저서인 『경세유표經世遺表』와 『사대고례事大考例』를 통해서 확인된다. 우이도에 유배와 있던 정약전과 교류관계에 있던 문순득은 배를 타고 육지를 왕래하던 직업적인 특성상, 두 형제를 연결하는 역할을 했을 것이다. 문순득이 정약전의 소식을 전달하기 위해 강진에 있던 정약용을 직접 만났고, 자신의 경험담도 직접 들려줬을 가능성이 높다. 그 과정에서 정약용은 문순득의 표류경험을 통한 세계인식을 수용하고, 자신의 저서에 활용하였다. 저서에 등장하는 예문을 살펴보면 그 영향 관계를 확인할 수 있다.

먼저 정약용의 『경세유표』에는 문순득이 오문澳門에서 경험했던 통화通貨와 관련된 내용이 증언으로 인용되고 있다. 『경세유표』는 정약용이 강진에서 유배 생활을 하던 1817년에 저술한 것으로 알려져 있다. 내용 중 제2권 동관공조冬官工曹 제6 사관지속事官之屬 편에 전환서典圜署를 소개하는 부분에 문순득의 경험담이 아래와 같이 인용되고 있다.

〈예문 1〉환법은 본디 경중이 있는데, 경중은 가벼운 돈과 무거운 돈을 말한다. 만약 한 닢 돈을 약 1만 꿰미 주조할 때에 열 닢 무게를 한 닢으로 할 것 같으면 1천 꿰미만 주조해도 작은 돈 1만 꿰미에 해당하며, 또 백 닢 무게를 한 닢으로 하면 100꿰미만 지어도 중간 돈 1천 꿰미에 해당된다. 그렇게 하면, 주조하는 데에 공비가 줄고 유통하는 데에 계산하기가 편리할 뿐 아니라, 돈 닢이 두꺼워서 오래도록 견딜 것이니 이것이 경중의 본법本法이다. 지금 천하 만국에 은전銀錢·금전金錢이 있고, 은전·금전 중에 또 대·중·소 3층이 있다.[120]

문순득은 표류 기간 중 국제항으로 발달해 있던 광동 오문澳門 등에 체류하면서 다양한 상업 활동을 견문하였다. 그때 사용되는 동전과 관련하여 문순득이 인식한 내용이

---

120) 이익성 옮김, 『경세유표』 I, 한길사, 2008, 225쪽. '제2권 동관공조 제6·사관지속'.

다. 특히 주목되는 점은 이 화폐와 관련된 내용은 정약전이 집필한 「표해시말」에는 전혀 언급되어 있지 않다는 점이다. 때문에 문순득이 정약용을 직접 만난 적이 있었을 것이라는 점을 뒷받침한다.

문순득이 전한 이러한 내용은 당시 조선 사회에서는 매우 주목할 만한 내용이었다. 정약용은 이러한 제도가 매우 합리적이라고 생각하였다. 문순득이 견문한 내용이라는 점을 명확하게 밝히면서, 다음과 같이 자신의 견해를 덧붙이고 있다.

〈예문 2〉 나주 흑산도 사람 문순득文淳得이 가경嘉慶 신유년 겨울에 서남 바다에 표류하여, 유구琉球·중산국中山國·영파부寧波府·여송국呂宋國·안남국安南國을 두루 구경하고, 광동廣東 향산香山 모퉁이에 이르러 해외 여러 나라 큰 장사치들을 많이 보았는데, 그들이 사용하는 돈이 대개는 이와 같았다고 하였다. 지금의 동전 한 닢 무게로써 은전 한 닢을 주조하여 동전 50을 당하고, 또 은전 한 닢 무게로써 금전 한 닢을 지어서 은전 50을 당하게 하되, 대·중·소 3층이 있도록 하면, 3종류의 금속이 총 9종류의 돈으로 되는 바 참으로 9부환법이라 할 수 있겠다.[121]

이상과 같은 내용을 통해 정약용이 문순득이 표류기간 중 여러 국제항에서 목격했던 통화 유통에 대한 내용을 토대로 자신의 화폐제도 개혁론을 주장하고 있음을 알 수 있다. 환법에서 경중이 있고, 주조하는데 드는 공비를 줄이는 것, 또 만든 주화를 오래 동안 사용하는 점에 대한 내용과 천하만국에 은전銀錢·금전金錢이 있고, 은전·금전 중에 또 대·중·소 3층이 있다는 점 등을 주장하고 있다. 이는 표류를 통해 문순득이 획득한 경험과 인식이 정약용에게도 전파되고 수용되었었다는 사실을 명확하게 보여주는 것이다.

1817년 『경세유표』를 집필할 당시만 해도 정약용에게 '오문澳門'이나 '여송呂宋' 같은 지명들은 매우 생소했던 것 같다. 위에서 언급한 예문에 정약용이 '광동 향산 모퉁이'라고 표현한 곳은 문순득이 여송에서 중국으로 건너가기 위해 도착했던 '오문澳門(마카오)'을 의미한다. 기록에 오문이라는 명칭이 직접 사용되지 않은 것은 당대 최고 학자였던 정약용이나 조선사회에 오문의 특수한 상황이 잘 알려져 있지 않았기 때문이다.

방대한 기록을 자랑하는 『조선왕조실록』에도 '오문澳門'

---

121) 이익성 옮김, 앞의 책, 225쪽.

이라는 명칭이 처음 등장한 것은 1847년 헌종 대에 이르러서였다. 단 1건만이 남아 있다.[122] 오문은 가 보기도 어렵고 그 지역의 상황에 대한 정보를 얻기도 어려운 미지의 세계였다. 그만큼 문순득의 경험은 특별한 것이었다. 정약용은 문순득의 그러한 경험을 적극적으로 수용하려고 노력했다.

조금 더 후대인 1821년에 집필된 『사대고례事大考例』[123]의 「해방고海防考」 내용을 살펴보면, 오문에 대한 인식 상황이 많이 달라져 있음을 알 수 있다. 이 글에도 '1801년 제주도에 표착해 왔던 여송인'에 대한 사례가 수록되어 있다. 이 사건과 관련된 『조선왕조실록』이나 『일성록』의 기록을 살펴보면, 여송인들의 신분이 확인되고 고국으로 송환될 수 있도록 하기까지 문순득의 역할이 컸음을 알 수 있다. 이들은 조선에 머무는 9년 동안 누군가 말을 걸면 항상 "막가외, 막가외"하고 외쳤다. 그런데 조선의 관원 누구도 그 말을 이해하지 못했다. 『조선왕조실록』이나 『일성록』에는 "'막가외莫可外'라는 것은 여송국의 관음官音이다"는

---

122) 『헌종실록』 14권, 1847년 8월 11일(정사) 3번째 기사, '고군산에 왔던 이양선이 떠났는데, 다시 오는 폐단이 없게 조치하도록 하다'.
123) 정약용과 제자 이청이 공동으로 1821년 집필한 것으로 알려진 조선시대 외교문서관련 문헌이다.

다소 모호한 표현이 등장하고 있다.

그런데 「해방고」에는 이와 관련된 정확한 분석[124]이 들어있다. 막가외에 대해 다음과 같이 풀이하고 있다.

〈예문 4〉 대략 풀어보자면 그들 방언으로 소위 마가외馬哥隈라고 한 것은 광동성廣東省 향산香山 오문澳門[125]이다

〈예문 5〉 오문澳門은 남번南番의 여러 나라가 모여드는 곳이어서, 그들의 뜻을 대개 말하자면, 만약 오문에 이르게 되면 자기나라로 돌아갈 수 있다고 생각했던 것이다.

여송 사람들이 줄기차게 '막가외'를 외쳤던 이유에 대해서도 분석해 내는 데 성공했음을 알 수 있다. '막가외'는 곧 '마카오'를 의미한다. 당시 여송 사람들은 자신들이 마카오에서 왔음을 이야기하고, 마카오로 돌려보내달라는 말을 하는 것이었다.

정약용에게 이러한 인식의 변화가 일어나게 된 것은 바

---

124) 『事大考例』券十四 「海防考」, "略譯其方言所謂馬哥隈者廣東省香山澳門也澳門爲南番諸國都會之地其意蓋云若到澳門可歸其國也"(『茶山學團 文獻集成』 9, 대동문화연구원, 2008, 73쪽).
125) '오문'에 대한 한자 기록은 차이가 있다. 「표해시말」 등 다른 기록에는 일반적으로 '澳門'이라고 기록되어 있다.

로 문순득의 영향이다.126) 「해방고」의 글 중 이 여송인의 표착 사례에 대한 내용 부분에서만 문순득의 이름이 무려 6번이나 거론되고 있다. 문순득에게 전해들은 내용을 토대로 여송인 표착 문제에 대해 매우 비중 있게 다루고 있다.127) 정약용은 문순득과의 친분 관계로 인해 이 사건에 대해 매우 소상하게 알게 되었다. 여송이나 오문 등 그동안 잘 인식하지 못하는 나라들에 대해서도 인식의 폭이 넓어졌다. 이는 문순득의 표류경험을 적극적으로 수용하고, 이를 통해 세계인식의 폭을 넓혀나가고 있었음을 반영하는 것이다.

또한 『사대고례事大考例』 「해방고海防考」의 내용 중에는 표류문제와 관련하여 중국을 제외한 기타 국가로 표류한 사례를 모은 '제국인표해례諸國人漂海例'라는 항목이 기술되어 있는데, 이는 문순득을 염두에 두고 쓴 글이라고 해도 과언이 아니다. 이 글에는 조선에 표착해 온 유구인 사례와 유구에 표류한 조선인의 사례가 간략하게 소개되어 있

126)『事大考例』는 정약용과 이청의 공동 저술이기 때문에 정약용에게 인식의 변화가 일어났다고 단언해서 말할 수는 없지만, 분명한 것은 문순득과의 친분관계로 볼 때 그를 통한 정보 수용을 바탕으로 한 영향관계가 나타나고 있다고 볼 수 있다.
127)『事大考例』, 「海防考」(『茶山學團 文獻集成』 9, 대동문화연구원, 2008, 72~73쪽).

는데, 문순득의 사례가 그 중심이 되고 있다. 「해방고」를 저술할 때 문순득의 영향을 분명히 받았음을 알 수 있다.

한편, 표류경험을 통한 문순득의 세계인식을 가장 적극적으로 수용하고, 그 영향을 받은 인물은 정약용의 제자 이강회였다. 이강회는 정약용의 강진 유배 시절 수제자 중 한 사람이다. 정약용이 강진 유배에서 풀려나 서울로 거주지를 옮기자 우이도를 새로운 학문의 터전으로 삼고자 스스로 우이도(당시 소흑산도)에 들어왔다. 이때는 1818년으로 정약전이 우이도에서 사망한 지 2년이 지난 시점이었다. 유배인이 아닌 학자가 스스로 험한 바다를 건너 우이도에 들어왔다는 것은 해양에 대한 인식의 변화가 있었음을 의미한다. 문순득의 표류경험에 대한 정보는 정약전과 정약용의 교류를 통해 강진에 있는 이른바 '다산학단茶山學團'[128]에게도 자연스럽게 알려지게 되었을 것이다. '다산학단'은 정약용의 강진 시절 제자를 중심으로 한 학문연구의 집결체를 의미한다. 그 중 한 사람인 이강회가 험한 바다

---

128) 정약용의 강진 시절 제자를 중심으로 한 학문연구의 집결체를 의미하는 용어이다. '다산학단'의 성격에 대해서는 다음의 글이 참조가 되었다. 임형택, 「茶山學團에서 海洋으로 學知의 열림 : 이강회의 경우」, 『대동문화연구』 제56집, 성균관대학교 대동문화연구원, 2006.

를 건너서 우이도까지 들어간 이유는 문순득의 표류경험을 수용하기 위한 목적이었다. 우이도에서 이강회는 문순득의 집에 거주하면서, 그의 표류경험을 적극적으로 수용하였다.

이강회는 문순득의 사례를 통해 폐쇄적인 조선후기 사회에서 해양에 대한 중요성을 재인식하게 되었다. 우이도라는 섬이 절해고도絕海孤島가 아닌 외부 세상의 해양문화와 소통할 수 있는 특수한 공간임을 인식했다. 해양에 대한 관심은 실학에서 주창하는 이용후생의 개념과 일맥상통하는 것이었다. 이강회는 우이도에 들어온 이후 해양 학자로 변모하는 모습을 보여준다. 우이도에서 집필한 대표적인 저술로는 「운곡선설雲谷船說」·「현주만록玄洲漫錄」·「탐라직방설耽羅職方說」이 있다. 모두가 해양에 대한 관심과 문순득의 영향력이 내재되어 있는 글들이다. 이 글들에 담겨있는 해양 문화에 대한 인식의 특징을 살펴보면, 문순득의 표류경험이 구체적으로 어떻게 영향을 주고 활용되고 있는지를 살펴볼 수 있다.

먼저 「운곡선설」 서문에 나와 있는 다음 글은 이강회의 해양 인식이 어떠했는지를 잘 보여준다.

천하에 당당한 만승지국萬乘之國으로 삼면이 바다에 둘러

싸여 밖으로 강한 이웃을 두고 안으로는 보장保障이 없으면
서 어찌하여 이처럼 계획이 없단 말인가. 우리나라 사람들
이 매번 한산閒山에서의 승리를 이웃나라에 과시하며 우리
의 배는 질박質樸하고 저들의 배는 정교하나 연약해서 질박
質朴함으로 연약함을 부딪치면 닿는 곳마다 문드러지고 부
서져 이로 말미암아 승리를 취했다고 생각한다. 그러나 이
때를 당하여 하늘이 우리나라를 보우하여 지덕智德을 겸전
한 이충무공李忠武公을 내어 뛰어난 기계奇計와 신묘神妙한
전술로 적의 예봉을 꺾었을 뿐이니 이것이 어찌 전선戰船의
공이리오. 만약 그렇다면 원균元均의 패배는 우리배가 아니
었던가.

"우리나라는 삼면이 바다에 둘러쌓여 있고 밖으로는 강
한 이웃을 두고 안으로는 보장이 없다"는 표현은 마치 19
세말 본격화되는 이양선의 출몰과 외세의 압박을 미리 예
언하는 것 같다. 국가의 미래를 해양에 대한 관심에서 찾
아야 한다는 인식이 담겨있는 것이다. 또 임진왜란 당시
이순신이 승리한 것은 조선의 배가 우수했기 때문이 아니
라는 점을 비판하면서, 병선에 대한 관심을 끌어내고 있
다.
　「운곡선설」중 위의 내용과 이어지는 다음 문장에서 이

강회는 배에 대한 학문적 관심이 자신을 우이도로 들어오
게 한 계기가 되었음을 밝히고 있고, 문순득의 표류 경험
가운데 여송이 서양의 나라와 통상관계에 있는 상황에 대
해서도 상당한 의미 부여를 하고 있다.

내가 일찍이 그것을 한스럽게 여겨 금년 겨울에 현주玄洲
의 바닷가에서 공부하면서 문순득의 집에 기거하게 되었는
데 순득은 장사를 업으로 삼는 사람이라 비록 문자文字에
능한 것은 아니나 사람됨이 총명함과 재능이 있어 임술년
에 순득이 표류漂流하여 중산中山(즉 琉球이다)땅에 이르렀
다가 중산에서 배를 타고 우리나라로 돌아오는 도중 또 표
류하여 여송呂宋에 이르렀는데 여송은 해외의 오랑캐이다.
복건福建은 붉은 머리를 한 서양 여러 나라의 선박들이 서
로 통상하는 곳이라 그 선제船制 또한 여러 종류이나 그 대
부분을 정통하였고, 여송에서 배가 출발하여 순풍을 받아
11일 만에 비로소 도착한 광동廣東 오문澳門이란 곳은 서남
쪽에서 오는 선박이 폭주하는 곳인데 그 선제 또한 대부분
정통하였으니 대개 이 사람이 선박에 관한 일에 익숙하고
또 총명함과 재능을 겸했기 때문이다. 이제 11일 동안 바다
위를 타고 다녔던 선박을 취하여 준칙을 삼은 것은 그가
본 바로써 상세함을 다하고자 함이다.

글 중에 "한스럽게 여겼다"는 것은 배에 대한 학자들의
관심이 부족함을 뜻한다. 이를 통해 이강회가 우이도에 들
어온 가장 직접적인 원인은 선박에 대한 관심 때문이었고,
구체적으로 문순득이 경험하고 온 외국 선박에 대한 정보
를 수용하기 위함이었음을 추정할 수 있다. 그 결과 탄생
하게 된 것이 「운곡선설」이다. 또한, 이강회는 문순득의
경험을 바탕으로 자신이 이러한 기록을 남기는 것은 "나라
의 큰 정사를 꾀함이라"라는 표현을 하였다. 선박에 대한
관심이 국가적 안위와 연결된다는 인식을 분명히 하고 있
었다.

문순득의 경험이 새로운 문화에 대한 이해를 돕고 있다
는 점은 외국배에 장착되어 있는 대포에 대한 부분에서 확
인할 수 있다. 19세기 후반 이후 조선 연안에서 울려 퍼지
는 이양선들의 대포 소리와는 그 의미 자체를 다르게 해석
하고 있다. 이강회는 외국 배에 설치되어 있는 대포의 용
도에 대해 다음과 같이 인식하고 있다.

무릇 배가 바닷가에 가까워지면 대포를 쓰는데 대포는
모두 열다섯 개로 뱃전 왼쪽에 다섯 개를 두고 뱃전 오른
쪽에 다섯 개·뱃머리에 세 개·배꼬리에 두개를 두어 한사
람이 관장하면서 포안에 더러운 것들을 제거하고 안에는

탄약을 넣어두는데 해안에 닿아도 다른 사람은 감히 손댈 수 없다.

　살펴 보건데 이것은 해적을 막는 방법이다. 병자년丙子年 가을에 도합섬(진도에 있다.) 앞바다에 다른 나라 배가 와서 정박하였는데 대포를 잔뜩 싣고서 쏘아대어 대포소리가 하늘을 치켜들고 땅을 움직여 섬사람들이 놀라고 두려워하였으니 대개 스스로를 보호하기 위한 것이다. 배안에 금은을 많이 싣고 다른 나라에 표류하게 되면 해적들이 염려가 되기 때문에 대포소리를 놓아 두려워하게 하는 것이다. 우리나라사람들은 고루하여 전투선만이 포가 있어야 하는 줄로 아니 보고 듣는 사람이 의심하며 놀라지 않을 수 없는 것이다. 그러나 중국의 배는 배마다 다 포가 있다.

　이 부분은 외국의 이양선들이 우리나라 연안에 들어왔을 때 대포를 쏘는 행위를 어떻게 인식해야 하는지의 문제이다. 실제 1816년 진도 도합섬에 외국 배가 와서 대포를 쏘아 댄 적이 있었는데, 이강회는 문순득의 경험담을 토대로 그것이 우리나라를 위협하는 의미보다는 자신들을 보호하기 위한 성격도 있다는 점을 알게 된 것이다. 이러한 내용은 문순득이 직접 경험해보지 못했다면 그 의미를 파악하기 어려운 정보이다. 더불어 일반 상선에도 포를 장착하게 해서 자위 능력을 갖추고 있는 것에 대한 관심도 반영되어 있다. 조선의 경우는 왜구의 피해로 인해 해금 정책이 오랫동안 유지되고 있는 상황이었고, 상선이 무장을 한다는 것은 상상할 수 없는 일이었다.

배의 외형적인 조건만 언급하는 것이 아니라, 바다 위에서 항해하는 선박의 규율에 대해서도 언급하고 있다. 이에 대해서는 다음과 같이 인식하고 있다.

무릇 배에는 법法과 영슈이 있는데, 무릇 닻을 거두는 것·닻줄을 당기는 것·줄을 띄우는 것·돛대를 더하는 것·돛대를 더는 것·돛을 펴는 것·포를 설치하는 것에 각각 주관하는 사람이 있어 감히 자기의 직분을 넘어서 남의 일에 간섭하지 못한다. 그 힘써 하지 않음이 있으면 철 채찍이 어지럽게 날아든다.

살펴보건대 우리 배는 본디 이러한 법이 없으니 더욱이 한심하다. 배라는 곳은 죽음을 넘나드는 곳이다. 사지를 넘나드는 곳에 규율을 엄하게 세워도 오히려 혹 어지러워질까 두려워 이에 법을 두고 영을 두니 만리바다를 넘나들어도 편안하고 맹렬한 폭풍이 불어 표류를 하여도 침몰되거나 부서지지 않는다.

문순득과 이강회의 관심이 단순히 외국의 배 모양에만 국한되지 않고, 그들의 해양문화 부분까지 확대되어 있었다. 선원들의 항해 활동에서의 규율에 대한 내용을 분석한 것은 그런 관심도의 반영이다. 이강회는 「운곡선설」의 말미에 최종적으로 실용의 덕을 강조한다. 직접 사용하면서 실용적인 측면에 개선해야 하는데, 우리는 만들어 놓은 배도 바다에 띄우지 않고 활용하고 있지 못하고 있음을 지적하고 있다.

이강회의 배에 대한 관심은 우이도 시절 작성한 또 다른 저술인 「현주만록玄洲漫錄」을 통해 지속되었다. 이 글은 현재 일본 교토대학京都大學 가와이무고河合文庫에 소장되어 있다. 성균관대학교 대동문화연구원에 발행한 『다산학단茶山學團 문헌집성文獻集成』 7권(2008)에 영인되어 있다. 이글 서문에서도 외국의 배에 대해 관심을 가지고, 그것을 기록으로 남기려는 뜻에 대해 "오직 실용조행實用措行할 만한 것들만을 들어서, 이와 같이 대략을 기록해 둔다."고 밝히고 있다. '실용조행實用措行'이란 실제로 소용되어 행할 수 있는 것을 의미한다. 이강회는 우리나라의 해양인식에 대해 다음과 같이 비판하고 있다.

우리나라를 해국海國이라 불러 일컫는데, 연해에 있는 모든 배를 아직 어느 나라 어디소속인지 총괄하지 못하는 점은, 바라건데 마땅한 강구책講究策을 세워 나가야 할 일이다.

이미 이 시기 우리나라 연안에 외국의 표착선이나 이양선들이 등장하고 있음을 상징적으로 보여주는 부분이다. 이 글에는 이러한 상황에 대한 위기의식이 나타나 있고, 그에 대한 강구책이 국가의 미래에 매우 중요하다는 근대적 개념의 해양인식(海防論)으로 연결되고 있다. 또한, 이강회는 자신이 「현주만록」을 서술한 이유를 다음과 같이 설명하고 있다.

내가 전년 겨울에, 문순득의 구화口話에 의거하여, 여송呂宋의 박제舶制를 책으로 엮었다. 그러고 나서, 또 공선鞏船을 보니, 중국과 외국은 선박을 만들고 다루는 법이 성하여 물도 스며들지 않게, 지극히 정치 정교하고 치밀함에 이르렀음을 알았다. 지금 그에 대해 기록한 바는 진실로 지금 당장의 실용實用에 관계되는 것이니, 열람하는 사람은 중요하게 여기고 바람결에 스쳐가는 소리로 지나쳐 버리지 말기 바란다.[129]

여송의 박제를 책으로 엮었다는 것은 「운곡선설」을 의미한다. 위 글에서 이강회는 선박에 대한 관심과 외국의 상황이 먼 미래를 위한 것이 아니라 당장의 시급한 현황임을 강조하고 있다. 이는 급변하고 있는 세계정세에 대한 인식의 반영이라고 생각된다. 이강회는 그러한 정보를 얻을 수 있는 방법으로 표류선을 통하는 것이 매우 유용하다는 것을 제안하고 있다. 그는 "우리가 나라를 세운 이래, 외국 선박이 우리네 섬에 표류하여 온 것이, 거의 한 달에 한번은 있었을 것 같은데, 모두가 문정을 형식적으로 하고, 외국선에 대한 조사를 제대로 하지 않고 있음"을 비판하고 있다.[130]

이상과 같은 저술을 통해 외국 선박과 해양문화에 대한 관심이 표출되었다면, 이강회가 문순득의 경험을 수용하여 가장 구체적인 제안을 한 내용은 우이도 시절 또 다른 저술인 『탐라직방설』에서 발견된다. 이 글은 총 2권으로 구성되어 있다. 1권은 제주의 인문지리·경제·군사·시설에 관한 총체적 보고서 형식의 글이다. 2권은 「상찬계시말相贊契始末」로서 1813년에 발생한 양제해梁濟海 관련 옥사獄事사

---

129)「玄洲漫錄」, 앞의 책, 354쪽, '收貓下貓法'의 말미.
130)「玄洲漫錄」, 앞의 책, 354쪽.

건의 내용과 그와 관련된 인물의 전기를 열전 형식으로 함께 수록하였다.131) 『탐라직방설』은 이강회가 우이도에 당시 유배와 있던 제주사람 김익강金益剛을 만난 것을 계기로 작성한 것이다. 김익강은 제주도 상찬계相贊契 사건132)과 관련해서 억울하게 누명을 쓴 양제해의 장인이다. 이강회가 김익강을 알게 된 것도 문순득의 이야기를 통해서였다. "나는 문천초文天初로부터 그가 손암 정공의 적소인 흑산도에 함께 있다는 말을 전해 듣고서133) 찾아가 익강을 직접 만나보았다."고 기록에 남겨 있다.134)

「상찬계시말相贊契始末」에는 이강회가 문순득의 표류경험으로부터 많은 영향을 받았음을 알 수 있는 매우 의미 있는 주장이 담겨있다. 관련 내용은 다음과 같다.

---

131) 이강회 지음·현행복 옮김, 『耽羅職方說』, 각, 2008, 41쪽 해제문.
132) 1813년 12월 제주도에서 발생한 사건으로 양제해 등의 향관층과 상찬계로 대표되는 衙前층과의 대립이 불러일으킨 사건이다. 상찬계는 향리급 지방행정의 실무자들이 상호 협조를 다지기 위해 만든 조직체이다. 상찬은 무리를 지어 서로 찬조한다는 의미를 지닌다(이강회 지음, 현행복 옮김, 『耽羅職方說』, 각, 2008, 44쪽과 115쪽; 임형택, 「茶山學團에서 海洋으로 學知의 열림 : 이강회의 경우」, 『대동문화연구』 제56집, 성균관대학교 대동문화연구원, 2006, 96쪽 참조).
133) 이강회가 우이도로 들어오기 전에 강진을 왕래하던 문순득으로부터 김익강이 흑산도에 유배 왔다는 소식을 전해들은 것으로 보인다. 후에 우이도에 들어갔을 때 김익강을 직접 만난 것이다.
134) 「相贊契始末」, 金益剛傳 참조(이강회 지음, 현행복 옮김, 앞의 책, 158쪽).

만약 국가에서 수백 척의 배를 건조하여 운영하고, 달량부達梁府에 외국선박을 위한 시장을 설치하는 것과 같은 법을 세우고, 사사로운 상업을 금하는 법이면 오직 그들이 사고파는 간사한 짓을 하지 못 할 것이다.[135]

당시 제주에는 많은 선박늘의 왕래가 있었다. 그 중에는 외국에서 표류해 온 배들도 포함되어 있었다. 국가에서는 사적인 상업행위를 금지하였지만, 공공연하게 거래가 이루어졌고, 이로 인해 많은 병폐가 발생하는 상황이었다. 때문에, 이강회는 이러한 병폐를 개혁하기 위해서 달량達梁에 외국선박을 위한 특별항구를 개설할 것을 주장하고 있다. 달량達梁은 과거 영암에 속한 땅이었고, 현재는 해남군 북평면 남창마을에 해당하는 곳이다. 해로상의 요충지에 해당하여 왜적의 침입이 빈번했던 지역으로 수군만호를 두기도 하였고, 특히 제주도와 육지를 연결하는 중심 포구로 활용되었던 곳 중 하나이다. 이강회가 강진 출신이기 때문에 이곳을 통해 물산物産의 왕래가 빈번하다는 사실을 잘 파악하고 있었던 것으로 보인다. 그런 의미에서 달량에 특

---

135) 『耽羅職方說』, 「相贊契始末」, '若自國營造數百䑽立法如番舶之爲設市
於達梁之府禁私商之法非但彼隊不得售奸'.

별항구를 개설하자는 제안을 하게 된 것이다.

이강회의 이러한 주장은 당시로서는 매우 파격적인 것이다. 자신의 스승인 정약용이 황사영백서黃嗣永帛書 사건136)을 빌미로 18년 동안이나 강진에서 유배생활을 했던 시대적 상황을 감안하면, 외국의 선박을 위한 특별구역을 설정하자는 제안은 매우 위험하면서도 시대를 앞서가는 것이었다.137) 이러한 주장이 가능했던 배경 역시 문순득의 표류경험에서 관련 정보를 적극적으로 수용한 결과라고 할 수 있다.

문순득은 표류하는 동안 국제적인 무역항을 많이 체험했다. 그중에서도 국제무역의 특구라고 볼 수 있는 오문澳門(마카오)을 체험한 영향이 컸을 것이다. 문순득은 비록 규모는 작지만 섬과 항구를 돌아다니면서 교역활동을 했던 인물이었다. 그런 문순득에게 국가와 신분을 구분하지 않는 자유로운 무역체제가 선망의 대상이 되었을 것은 당연

---

136) 黃嗣永帛書는 1801년 신유박해의 전말과 그 대책을 천주교신자 황사영이 북경 천주교 주교에게 적어 보낸 密書이다. 내용 중에 "조선이 계속 신앙의 자유를 불허하면 서양의 큰 배와 군대를 보내 조선 조정을 위협해 신앙의 자유를 인정하게 해 달라"는 내용이 담겨 있는 것으로 알려졌다. 황사영은 정약현(정약용의 맏형)의 사위이다.

137) 임형택은 이강회의 이러한 주장을 '해양으로 학지의 열림'을 의미하는 것으로 파악하였다. 「茶山學團에서 海洋으로 學知의 열림 : 이강회의 경우」, 앞의 책, 97~99쪽 참조.

한 일이다. 그가 살아서 돌아왔을 때 조선에도 이런 무역항이 있었으면 하는 꿈을 지니고 귀국하지 않았을까? 문순득의 그러한 마음이 이강회의 관심을 통해서 표출된 것으로 볼 수 있다. 문순득의 표류경험을 적극적으로 수용하고, 활용한 결과라고 여겨진다. 특히 19세기 초는 서세동점의 파도가 조선사회에 본격적으로 밀려오기 전의 시점이었기 때문에 이강회의 이러한 주장은 더욱 특별한 의미를 지닌다.

우이도에서 이강회의 학문적 관심은 '해양海洋'이었다. 문순득의 표류 경험은 이강회의 해양인식과 이용후생의 실학정신에 많은 영향을 주었고, 이강회는 이를 자신의 학문세계에 적극 활용하였다. 이강회의 글에서는 아직도 해금海禁이라는 답답한 현실에 처해 있는 조선을 비판함과 동시에 이를 일깨우기 위해 노력하고 있음이 발견된다. 이는 이강회가 문순득의 표류 경험을 적극적으로 수용하면서, 보다 넓은 세계에 대한 인식을 넓혀 갔기 때문에 생겨난 결과라고 여겨진다. 즉, 표류를 통해 19세기 초 동아시아 국가들의 다양한 해양세계를 체험하면서 획득한 문순득의 세계인식이 주변인들에게 수용되고, 활용된 것이다.

이상에서 살펴본 것처럼 문순득의 표류 경험과 관련

기록에는 해외 문물을 적극 수용하려는 세계인식의 성장이 나타난다. 표류의 고난을 극복하고 그가 얻은 지식을 후세에 전달하려고 하는 선각자의 면모도 보인다. 그를 둘러싼 정약전·정약용 형제와의 교류, 우이도라는 섬을 새로운 학문의 공간으로 찾아와 문순득을 만난 이강회의 존재는 조선후기 폐쇄적인 사회에서 섬이라는 공간이 외딴 변방이 아니라, 국제문화교류가 가능한 유일한 열린 문화공간이었음을 보여주고 있는 사례이다. 그리고 그 소통과 교류의 중심에는 험한 표류 생활을 이겨낸 홍어상인 문순득의 해양문화에 대한 높은 식견이 자리하고 있었다.

우리 역사에서는 흔히 조선은 해양에 대한 근대적인 인식이 부족했기 때문에 근대화에 실패했고, 식민지 시대를 살게 되었다는 비판적 시각이 존재한다. 그러나 이미 19세기 초 문순득의 표류경험이 주변의 지식인들에게 전파된 양상을 보면 조선후기에도 근대적 해양인식이 싹트기 시작했음을 알 수 있다. 하지만 아쉽게도 이러한 해양인식과 세계화를 향한 노력은 국가의 통치이념으로 연결되지 못했다는 한계점이 있다. 이는 왜 문순득의 표류 경험이 한국의 해양문화 전개과정에서 중요한 상징적인 의미를 지니고 있는지를 역설적으로 보여준다. 문순득의 사례는 통해 섬

의 공간적 가치를 재조명하고 바다를 통한 문화교류의 중
요성을 일깨워주고 있다.

참고문헌

1. 자료

『經世遺表』.

『薊山紀程』, 「漂流舟子歌」.

『南平文氏大同譜卷之八』(남평문씨대종회, 1995).

『茶山學團 文獻集成』(대동문화연구원, 2008).

『同文彙考』.

『琉球國 大島國 繪圖 1702년』(南部奄美文化推進委員會 再版).

『續陰晴史』(국사편찬위원회, 1971).

『歷代寶案』 第八册, 경인문화사, 1990.

『雲谷雜著』.

『柳菴叢書』.

『日省綠』.

『朝鮮・琉球關係史料集成』(國史編纂委員會, 1998).

『朝鮮王朝實錄』.

『淸代中琉關係檔案續編』(中國第一歷史檔案館 編, 中華書局, 1994).

『淸代中朝關係檔案續編』(中國第一歷史檔案館 編, 中國檔案出版社, 1998).

『沖繩縣史料-漂着關係記錄(前近代5)』(沖繩縣敎育委員會, 1987).

『耽羅職方說』.

『通文館志』.

『葡萄牙東波塔檔案館藏　清代澳門中文檔案彙編』上·下(　劉芳
　　　　輯, 澳門基金會, 1999).

『漂着した琉球·朝鮮船の記録』(長崎縣小値賀町歷史民俗資料
　　　　館, 1995).

『韓國水産誌』(농상공부수산국, 1910).

2. 연구 성과

1) 단행본

강진신문사,『표류의 역사 강진』, 한중일 국제학술대회, 2008.

국립제주박물관,『탐라와 유구왕국 』, 2007.

국립해양유물전시관 해양유물연구과,『우이도』, 국립해양유물
　　　　전시관, 2009.

金義東,『仙華遺稿』, 牧民, 2005.

金義東,『仙華子 金若行 先生의 꿈과 生涯』, 牧民, 1992.

김영원 외,『항해와 표류의 역사』, 솔, 2003.

남만성 역·정동유 저,『晝永編』, 을유문화사, 1971.

多和田眞一郎,『琉球·呂宋 漂海錄の硏究─二百年前の琉球.
　　　　呂宋の民俗.言語』, 武藏野書院, 1994.

德永和喜,『薩摩藩對外交涉史の硏究』, 九州大學出版會, 2005.

桃木至朗 編, 『海域アジア史研究入門』, 岩波書店, 2008.

劉序楓 編, 『清代檔案中的海難史料目錄:涉外篇』, 中央研究院
　　人文社會科學研究中心, 2004

박사명 외, 『동남아의 화인사회』, 전통과현대, 2000.

박석무, 『다산 정약용 유배지에서 만나다』, 한길사, 2004.

박천홍, 『악령이 출몰하던 조선의 바다』, 현실문화, 2008.

서인범·주성지 옮김, 『표해록』, 한길사, 2004.

신동규, 『근세 동아시아 속의 日·朝·蘭 국제관계사』, 경인
　　문화사, 2007.

신안군·목포대학교도서문화연구소, 『備邊司謄錄 신안군 관계
　　기사 발췌자료집』, 1998.

양광식 편역, 『康津과 茶山』, 강진문헌연구회, 1997.

영암문화원, 『靈岩의 땅이름』, 2006.

外間守善 저·심우성 옮김, 『오키나와의 역사와 문화』, 동문선,
　　2008.

이　훈, 『조선후기 표류민과 한일관계』, 국학자료원, 2000.

이강회 지음·현행복 옮김, 『탐라직방설』, 각, 2008.

이문기 외, 『한·중·일의 해양인식과 해금』, 동북아역사재단,
　　2007.

이익성 옮김, 『경세유표』, 한길사, 2008.

이중환 지음·이익성 옮김, 『택리지』, 을유문화사, 2009.

日本離島センタ-, 『日本の島ガイド SHIMADAS』, 2007.

鄭汐朝, 『詳解 玆山漁譜』, 신안군, 1998.

정운경 지음·정민 옮김, 『탐라문견록-바다 밖의 넓은 세상』,

127쪽 참조, 휴머니스트, 2008.

조병욱, 『역사와 문화를 알면 필리핀이 보인다』, 해피&북스, 2008.

조영록, 『근세 동아시아 삼국의 국제교류와 문화』, 지식산업사, 2002.

조흥국, 『한국과 동남아이사의 교류사』, 소나무, 2009.

池内敏, 『近世日本と朝鮮漂流民』, 臨川書店, 1998.

최덕원, 『남도의 민속문화』, 밀알, 1994.

片茂鎭, 『漂民對話』, 불이문화, 2006.

하우봉 외, 『朝鮮과 琉球』, 아르케, 2002.

한영우, 『朝鮮後期史學史硏究』, 일지사, 1989.

한일관계사학회, 『조선시대 한일표류민연구』, 국학자료원, 1987.

黃啓臣 저 · 박기수 역, 『마카오의 역사와 경제』, 성균대학교 출판부, 1999.

2) 논문

강봉룡, 「한국 해양사 연구의 몇 가지 논점」, 『도서문화』 33집, 목포대학교 도서문화연구원, 2009.

강진아, 「16~19세기 동아시아무역권의 세계사적 변용」, 『동아시아의 지역질서』, 창비, 2005.

고동환, 「조선후기 상선의 항행조건—영 · 호남 해안을 중심으로-」, 『한국사연구』 123호, 한국사연구회, 2003.

고동환, 「조선후기 船商活動과 浦口間 商品流通의 양상; 漂流
      關係記錄을 중심으로」, 『韓國文化』, 서울대학교한국문화
      연구소, 1993.

고석규, 「조선시기 표류경험의 기록과 활용」, 『도서문화』 31집,
      목포대학교 도서문화연구원, 2008.

김경옥, 「18~19세기 서남해 도서지역 漂到民들의 추이」, 『조선
      시대사학보』 제44집, 조신시대사학회, 2008.

김성준, 「표해록에 나타난 조선시대 선원 조직과 항해술」, 『한국
      항해항만학회지』 제30권 제10호 통권 제116호, 한국항해
      항만학회, 2006.

김재승, 「한국·유구간 표류에 의한 문화적 접촉」, 『동서사 학
      2』, 한국동서사학회, 1996.

노대환, 「19세기 전반 西洋認識의 변화와 西器受用論」, 『한국사
      연구』 95, 한국사연구회, 1996.

노대환, 「조선 후기 서양세력의 접근과 海洋觀의 변화」, 『한국사
      연구』 123, 한국사연구회, 2003.

德永和喜, 「薩摩藩의 朝鮮通事」, 『日韓·韓日合同學術會議, 第
      14回 : 世界の中の東アジア文化Ⅲ』, 日韓文化交流基金,
      2001.

劉序楓, 「淸代環中國海域的海難事件硏究—以嘉慶年間漂到琉球
      ·呂宋的朝鮮難民返國事例爲中心」, 『第九屆中琉歷史關係國
      際學術會議論文集』, 海洋出版社, 2005.

劉序楓, 「漂海録の世界－1802年に琉球·呂宋に漂着した朝鮮
      人の帰国事例を中心に」, 『8-17世紀の東アジア地域に

おける人・物・情報の交流—海域と港市の形成, 民族・地域間の相互認識を中心に』(上), 東京大學大學院人文社會系研究科, 2004.

문병채, 「한국 서남해역의 지리・생태조건과 지역문화」, 『도서문화』 20집, 목포대학교도서문화연구소, 2002.

박근옹, 「전통한선을 바탕으로 한 크루저급 세일링보트의 개발」, 부경대학교 박사학위논문, 2007.

박현규, 「1741년 중국 臨海에 표류한 礼義의 나라 조선인 관찰기」, 『동북화문화연구』 제18집, 동북아시아문화학회, 2009.

박현규, 「문순득 행적과 기록에 관한 劄記」, 『동방한문학』 50, 동방한문학회, 2012.

서인석, 「최부의 〈표해록〉에 나타난 해외 체험과 체험의 대화적 재구성」, 『고전문학과 교육』 제13집, 한국고전문학교육학회, 2007.

손승철, 「조선시대 한일관계사료의 소개」, 『한일관계사연구』 18, 한일관계사학회, 2003.

신동규, 「근세 표류민의 송환유형과 국제관계」, 『강원사학17』, 강원대학교 사학회, 2002.

신복룡, 「서세동점기의 서구인과 한국인의 상호인식」, 『한국문학연구』27집, 동국대학교한국문학연구소, 2004.

안대회, 「茶山 제자 李綱會의 利用厚生學」, 『한국실학연구』 10집, 한국실학학회, 2005.

원종민, 「조선에 표류한 중국인의 유형과 그 사회적 영향」, 『중국학연구』 44, 중국학연구회, 2008.

원종민, 문순득의「표해시말」에 기록된 세가지 외국어와 그 가치,
　　『중국학연구』 56, 중국학연구회, 2011.

尹致富, 「金非衣 일행의 漂海錄 고찰」,『建國語文學』 15·16합
　　집, 건국대학교 국어국문학연구회, 1991.

이훈, 「"표류"를 통해서 본 근대 한일관계-송환절차를 중심으
　　로-」,『한국사연구』 123, 한국사연구회, 2003.

이훈, 「조선후기 표민의 송환을 통해서 본 조선·유구관계」,
　　『사학지』 27, 단국대사학회, 1994.

이경엽, 「고전문학에 나타난 해양 인식 태도」,『도서문화』 20호,
　　목포대학교도서문화연구소, 2002.

이성훈, 「김비의 일행의 유구 표류와 해외 체험」,『白鹿語文』
　　제24집, 白鹿語文學會, 2008.

이숭민, 「고려전·중기 동북아시아 해역에서의 표류민 송환과
　　국제관계」, 가톨릭대학교, 2007.

이유진, 「정약용 經世遺表의 연구」,『韓國思想史學』 14, 한국
　　사상사학회, 2000

임형택, 「茶山學團에서 海洋으로 學知의 열림 : 이강회의 경우」,
　　『대동문화연구 제56집』, 성균관대학교 대동문화연구원,
　　2006.

임형택, 「정약용의 강진유배기의 교육활동과 그 성과」,『실사구
　　시의 한국한』, 창비, 2002.

정 민, 「표류선, 청하지 않은 손님:외국 선박의 조선 표류 관련
　　기록 探討」,『韓國漢文學硏究』 제43집, 한국한문학회, 20

09.

정성일, 「漂流記錄을 통해서 본 朝鮮後期 漁民과 商人의 海上活動 : 『漂人領來謄錄』과 『漂民被仰上帳』을 중심으로」, 『國史館論叢』 제99집, 國史編纂委員會, 2002.

정성일, 「표류기록을 통해서 본 조선후기 어민과 상인의 해상활동」, 『국사관논총』 99, 국사편찬위원회, 2002.

주성지, 「漂海錄을 통한 韓中航路 分析」, 『동국사학』 37, 동국사학회, 2002.

최병문, 「조선시대 선박의 선형특성에 관한 연구」, 부경대 박사논문, 2004.

최운봉, 「한·중·일 전통 선박에 관한 비교연구」, 한국해양대박사논문, 2005.

하우봉, 「19세기 초 조선과 유럽의 만남-지볼트와 조선표류민의 교류중심」, 『사학연구』 90호, 한국사학회, 2008.

홍석준, 「동아시아의 해양세계와 항구도시의 역사와 문화」, 『도서문화』 29호, 목포대학교도서문화연구소, 2007.

지은이 **최 성 환**

국립목포대학교에서 사학과(인문콘텐츠학부 역사콘텐츠 전공)와 도서문
화연구원 교수로 재직 중인 역사학자이다. 도서해양사와 한국지방사를
전공하고 있다. 섬 공간이 지닌 소통의 문화상을 재조명하는 인문학
연구를 진행하고 있으며, 다도해의 중심 항구인 목포와 섬에 얽힌 역사
논문을 주로 발표하고 있다. 대표 저서는 『목포(대한민국도슨트)』, 『천
사섬 신안 섬사람이야기』, 『유배인의 섬 생활』, 『역사논문쓰기입문』
등이 있다.

해양역사문화문고⑩
홍어장수 문순득의 표해시말

2024년 12월 25일 초판 인쇄
2024년 12월 30일 초판 발행

지 은 이 최 성 환
펴 낸 이 한 신 규
편   집 김 영 이

펴 낸 곳 글터
   서울시 송파구 동남로 11길 19(가락동)
   T 070.7613.9110 **F** 02.443.0212   **E** geul2013@naver.com

등   록 2013년 4월 12일(제25100-2013-000041호)

ⓒ 최성환, 2024
ⓒ 글터, 2024, printed in Korea

ISBN 979-11-88353-71-2 03910   **정가** 21,000원